TORONTO MEDIEVAL LA

Robert Grosseteste
TEMPLUM DEI

edited from
MS. 27 of EMMANUEL COLLEGE, CAMBRIDGE
by
JOSEPH GOERING
Erindale College, University of Toronto
and
F.A.C. MANTELLO
The Catholic University of America

Published for the
CENTRE FOR MEDIEVAL STUDIES
by the
PONTIFICAL INSTITUTE OF MEDIAEVAL STUDIES
Toronto

Canadian Cataloguing in Publication Data

Grosseteste, Robert, 1175?-1253.
    Templum Dei

(Toronto medieval Latin texts, ISSN 0082-5050 ; 14)
Text in Latin with introduction and notes in English.
Bibliography: p.
ISBN 0-88844-464-8

1. Pastoral theology — Catholic Church — Early works to
1800.   I. Goering, Joseph Ward, 1947-   II. Mantello,
Frank Anthony Carl, 1945-   III. University of
Cambridge. Emmanuel College. Manuscript. 27.
IV. University of Toronto. Centre for Medieval Studies.
V. Pontifical Institute of Mediaeval Studies.   VI. Title.
VII. Series.

BV4009.G76 1984   253   C84-098126-0

Printed and bound in Canada by John Deyell Company

PREFACE

The Toronto Medieval Latin Texts series is published for the Centre for Medieval Studies, University of Toronto, by the Pontifical Institute of Mediaeval Studies. The series is intended primarily to provide editions suitable for university courses and curricula, at a price within the range of most students' resources. Many Medieval Latin texts are available only in expensive scholarly editions equipped with full textual apparatus but with little or no annotation for the student; even more are out of print, available only in libraries; many interesting texts still remain unedited.

Editions in this series are usually based on one manuscript only, with a minimum of textual apparatus; emendations are normally made only where the text fails to make sense, not in order to restore the author's original version. Editors are required to select their manuscript with great care, choosing one that reflects a textual tradition as little removed from the original as possible, or one that is important for some other reason (such as a local variant of a text, or a widely influential version). Manuscript orthography and syntax are carefully preserved.

The Editorial Board is not merely supervisory: it is responsible for reviewing all proposals, for examining all specimens of editors' work, and for the final reading of all editions submitted for publication; it decides on all matters of editorial policy. Volumes are printed by photo-offset lithography, from camera-ready copy typed on an IBM Composer.

As General Editor, I would like to thank the Centre for Medieval Studies and its Directors, past and present, for their continuing support and encouragement at all stages in the development of the series.

A.G.R.

ACKNOWLEDGMENTS

The editors are most grateful to the Master and Fellows of Emmanuel College, Cambridge, for permission to publish here the text of the *Templum Dei* preserved in their MS. 27; to the Reverend Servus Gieben, O.F.M.Cap., for his help and encouragement during an early stage of this work; to Professors R.J. Tarrant, L.E. Boyle, and A.G. Rigg of the Editorial Board of this series, for much expert advice and many valuable suggestions; and to Anna Burko, for so skilfully preparing this text for publication. Special thanks are also due to the many librarians who kindly allowed manuscripts in their care to be examined and microfilmed, and to the Trustees of the British Library, London, who permitted the editors to cite readings from the text of the *Templum Dei* in Harley MS. 3244.

This edition is respectfully dedicated to Professor Leonard E. Boyle, O.P., whose graduate courses in medieval Pastoralia and Latin Palaeography were its beginning.

J.W.G., F.A.C.M.

This book has been published with the help of a grant from the Canadian Federation for the Humanities, using funds provided by the Social Sciences and Humanities Research Council of Canada, whose support is acknowledged with thanks.

CONTENTS

INTRODUCTION

The thirteenth century is noteworthy not only for the flowering of scholastic theology at the hands of such masters as Thomas Aquinas and Bonaventure, but also for the emergence of a vast literature of practical, pastoral theology designed to educate the common clergy concerning their duties as pastors with respect to the care of souls.[1] Numerous writers endeavoured to make the fruits of scholastic education easily accessible to clerics who had neither the time nor the interest to pursue a long, expensive, and intellectually demanding course of study leading to a university degree. One of the most innovative and instructive examples of this new 'popularizing' literature is the *Templum Dei*, written by Robert Grosseteste in England during the early part of the thirteenth century. Edited here for the first time,[2] the *Templum* provides an excellent introduction to the type of practical theology, canon law, and ethics that prevailed in this period and continued to be influential to the end of the Middle Ages and beyond.[3]

---

1 Leonard E. Boyle, one of the pioneers in studying this practical literature, has identified some forty different genres or types of writings, ranging from synodal statutes to formal *summae*, to which he has given the general name 'pastoralia'; see his 'Summae confessorum' in *Les Genres littéraires dans les sources théologiques et philosophiques médiévales: Définition, critique, et exploitation*, Actes du Colloque international de Louvain-la-Neuve, 25-27 mai 1981 (Louvain 1982) pp. 227-37. See also P. Michaud-Quantin, 'Les Méthodes de la pastorale du XIIIe au XVe siècle' in *Methoden in Wissenschaft und Kunst des Mittelalters*, ed. Albert Zimmermann, Miscellanea mediaevalia 7 (Berlin 1970) pp. 76-91. Some idea of the vast extent of this largely unexplored literature is afforded by M.W. Bloomfield et al., *Incipits of Latin Works on the Virtues and Vices, 1100-1500 A.D.* (Cambridge, Mass. 1979).
2 Only brief extracts have hitherto been published. E.g., the table in ch. V.6 has been reproduced by M.W. Bloomfield, *The Seven Deadly Sins* ([East Lansing] 1952) p. 437 n. 213.
3 Two famous and easily accessible examples of works in which the tradition of Grosseteste's *Templum Dei* lives on are Chaucer's 'Parson's Tale,' the last of the *Canterbury Tales* (c. 1400), and George Herbert's *The Temple* (1633).

Although Robert Grosseteste was one of the most influential scholars and churchmen of thirteenth-century England, little is known
with certainty about the details of his life before he became Bishop
of Lincoln in 1235.[4] He was born into a Suffolk family sometime
around the year 1170, and seems to have spent his early years garner-
ing an education in the service of one or more English bishops. He
may have taught the Arts (science, philosophy, ethics) at Oxford before classes were suspended there from 1209 to 1214. During this
suspendium clericorum he probably studied theology at the University of Paris along with many other English scholars. After his return
to England (c. 1214) he was chosen to preside over the newly-organ-
ized University at Oxford. In 1225, when over fifty years of age and
not yet ordained a priest, he accepted his first appointment to a
parish church and began his career as a pastor exercising the *cura animarum*. Four years later, in 1229, he was made an archdeacon in the
diocese of Lincoln, a position that carried with it responsibility for
the quality of pastoral care provided in the parish churches in his
archdeaconry. Perhaps in the same year (1229/30), he was asked by
the recently-arrived Franciscans to be the first lecturer in their new
Oxford school. In 1235, aged sixty or more, he was elected Bishop
of Lincoln, the largest diocese in England. For the last eighteen years
of his life he worked tirelessly as a pastor, administrator, and reform-
er. He died in 1253, leaving behind an extensive collection of writings
and a lasting reputation for learning and sanctity.

Grosseteste's continued fame causes problems for his bibliographers, as many works by less distinguished authors were ascribed un-
critically to this well-known bishop of Lincoln.[5] There can be little

4 No adequate biography of Grosseteste exists. In general see Francis S. Stevenson, *Robert Grosseteste, Bishop of Lincoln* (London 1899); D.A. Callus,
'Robert Grosseteste as Scholar' in *Robert Grosseteste, Scholar and Bishop*,
ed. D.A. Callus (Oxford 1955) pp. 1-69; Leonard E. Boyle, 'Robert Grosse-
teste and the Pastoral Care,' *Medieval and Renaissance Studies* 8 (1979) 3-
51, repr. in his *Pastoral Care, Clerical Education, and Canon Law, 1200-1400*
(London 1981); James McEvoy, *The Philosophy of Robert Grosseteste*
(Oxford 1982) pp. 3-48.
5 See S. Harrison Thomson, *The Writings of Robert Grosseteste, Bishop of
Lincoln 1235-1253* (Cambridge 1940; repr. New York 1971) pp. 240-70.
See also F.A.C. Mantello, 'Letter CXXX of Bishop Robert Grosseteste: A
Problem of Attribution,' *Mediaeval Studies* 36 (1974) 144-59.

doubt, however, that Grosseteste is the author of the *Templum Dei.*
It is similar in style and content to other authentic works[6] and it was
copied along with writings which are indisputably his.[7] Early manuscript copies, some perhaps written during Robert's own lifetime,
ascribe it to him.[8] It was quoted as Grosseteste's by English pastoral
writers during the decade 1250-60,[9] and it was included in lists of
the bishop's writings by Henry of Kirkestede (whose *Catalogus scrip-*
torum ecclesie, formerly attributed to 'Boston of Bury,' is from the
mid-fourteenth century) and by later cataloguers.[10]

6 See below, p. 5 and n. 19.

7 It is found, e.g., in Cambridge, Trinity Coll. MS. B.15.20, and Pavia, Univ.
MS. 69, both considered 'principal manuscript collections of Grosseteste's
works' (Thomson, *Writings* pp. 12-13 and 19-20). Further MSS preserving
copies of the *Templum* along with other works of the bishop include nos.
1, 5, 8, 10, and 13 as listed in n. 45 below.

8 See Thomson, pp. 138-40. In a note (p. 138) Thomson cites the reference
of Matthew Paris (*Chronica majora,* ed. H.R. Luard, V [London 1880] p.
286) to a 'very useful' treatise with a similar incipit ('Templum Domini';
see below, p. 14 and n. 56) composed by Master John of Basingstoke
(d. 1252), the learned archdeacon of Leicester and friend of Grosseteste,
'in quo particulae sententiarum per distinctiones dilucidantur.' This work
has not been identified and is not mentioned elsewhere; it was perhaps a
commentary on the *Sentences* of Peter Lombard, as has been suggested by
S.A. Hirsch, *Roger Bacon Essays,* ed. A.G. Little (Oxford 1914) p. 102 n. 2.
Matthew's description is curiously obscure and inappropriate for the *Tem-*
plum Dei edited here, which in any case is extant in many early MSS ascribed to Grosseteste. Thomson notes that no copy of this work bearing an
ascription to John of Basingstoke has been found, nor has any other treatise with an identical or similar incipit come to light which has been attributed to him.

9 E.g., the anonymous author of the *Speculum iuniorum* (1250 x 1260)
quotes the *Templum* frequently, ascribing it to Grosseteste. At one point
he provides more explicit information: 'Casus in quibus committitur symo-
nia quos ponit Robertus Lincolniensis in Templo, et extracte sunt de peni-
tentiale magistri Roberti de Flaveny qui incipit Res grandis'; cf. Boyle,
'Robert Grosseteste' p. 47 n. 32. This detailed notice, the first to identify
the subtle but unmistakable dependence of the *Templum* on Robert of
Flamborough's *Liber poenitentialis,* suggests either that the author of the
Speculum had access to a copy ascribed to Grosseteste in which his use of
Flamborough was noted, or that the author had some personal knowledge
of Grosseteste and his sources.

10 See Thomson, pp. 4-9 ('Bibliographers of Grosseteste'), 138.

No firm date of composition has yet been established for this text. If the 'Templum Domini cum arte confessaria' left by Walter of St. Edmund on his death in 1246 is Grosseteste's work, as seems likely, we have a *terminus ad quem* for the composition.[11] We also know it was written after Robert of Flamborough's *Liber poenitentialis* (1208 x 1213), the only specific source of the *Templum* that has been identified, and probably after 1219, if the reference (ch. VII.4) forbidding prelates to study Civil Law or Medicine is to Honorius III's famous bull *Super specula*, addressed to the University of Paris in November of that year.[12]

Several factors incline us toward a date early in the period between 1220 and 1246. First is the mention of the second and third kinds (*genera*) of affinity as impediments to marriage (ch. XVI.7). The Fourth Lateran Council had abolished these impediments in 1215, and this new interpretation had been noted in English synodal statutes as early as 1219.[13] The older teaching preserved in the *Templum* would be quite unusual in a work written as late as Grosseteste's episcopal period.

A second argument for an early date of composition is found in the psychological doctrine of the *Templum*. Terms such as *affectus*

---

11 Boyle, 'Robert Grosseteste' p. 46 n. 27
12 See *Chartularium universitatis Parisiensis,* ed. H. Denifle and E. Chatelain, I (Paris 1889) pp. 90-93. For a discussion of the history of this prohibition see John W. Baldwin, *Masters, Princes, and Merchants: The Social Views of Peter the Chanter & His Circle,* 2 vols. (Princeton 1970) I, 83-7. The fact that Grosseteste refers to such an authoritative papal pronouncement with the words 'dicunt quidam' suggests that he was not familiar, himself, with the *Super specula.* In fact the *Super specula* would not have been generally known in England until the publication of Gregory IX's *Decretales* in 1234. Even if Grosseteste had known the *Compilatio quinta* of Tancred (1226), he would not have found there the section of *Super specula* prohibiting the study of secular law to archdeacons, deans, priests, etc. Grosseteste himself promulgates this provision in a synodal constitution c. 1239, strictly prohibiting those assigned the *cura animarum* from studying civil law ('districtius inhibemus ne quisquam eorum audiat in scolis vel doceat leges seculares'). See *Councils & Synods, with Other Documents Relating to the English Church,* II: *A.D. 1205-1313,* ed. F.M. Powicke and C.R. Cheney, 2 pts. (Oxford 1964) Pt. 1 [1205-1265] p. 274.
13 See *Conciliorum oecumenicorum decreta,* ed. Joseph Alberigo et al., 3rd ed. (Bologna 1973) pp. 257-8; *Councils & Synods* II/1, pp. 89, 197, etc.

and *aspectus mentis* (ch. XXI.3) for the actions of the soul, and *uis congnoscitiua, potencialis, affectiua* (ch. I.3) or *concupiscibilis, irascibilis, discretiuus* (ch. X.5) for the powers of the soul, derive from traditional, Platonic/Augustinian psychological doctrines. On the other hand, the division of the soul into vegetative, sensible (or motive), and rational parts (chs. I.2, II.5, V.4), reflects the new Aristotelian/Avicennian psychology. Both streams of doctrine are current in Grosseteste's earliest psychological writings (c. 1209?), and their juxtaposition here is typical.[14] By 1225 or 1230, however, Grosseteste's psychological teaching had become more sophisticated. For example, he explains in the *De intelligentiis* (c. 1228) that, although the soul has no physical seat or locus in the body, its vegetative function can be said to be situated in the heart, and its sentient and motive functions in the brain.[15] This contrasts with, and seems to supersede, the less sophisticated notion concerning the seat of the soul's powers in the *Templum* (ch. II.5). Finally, sometime after 1230 (and before 1236), Grosseteste came into contact with the pseudo-Augustinian *Liber de spiritu et anima,* which had a profound influence on his subsequent pastoral and theological works.[16] The complete absence of any influence of this work on the *Templum* supports the suggestion of an early date of composition.

Other suggestive, if negative, evidence is the absence of a knowledge of Greek, which Grosseteste began studying in earnest around 1232,[17] or of the Greek theologians — especially Pseudo-Dionysius — whose works Grosseteste translated (1239-43), and who deeply influenced his later theological writings.[18] It might also be noted that the unpolished and laconic style of the *Templum* is characteristic of many of Grosseteste's early works, written while he was lecturing in the schools.[19]

---

14 See McEvoy, *Philosophy* pp. 225-60.
15 McEvoy, p. 265
16 McEvoy, pp. 237, 290-319
17 One might expect a knowledge of Greek to appear, e.g., in the etymological interpretations of 'love' (ch. V.1). See McEvoy, pp. 20-21, 86, etc.
18 McEvoy, pp. 69-74, 489-98, etc.
19 See J. Goering, 'The *De dotibus* of Robert Grosseteste,' *Mediaeval Studies* 44 (1982) 92 and n. 2.

A more precise dating must await the careful sifting and authentication of Grosseteste's other writings, but the content, sources, and style of the *Templum Dei* incline us toward a date of composition between 1220 and 1230.

Closely bound up with the question of date is that of the audience, setting, and purpose of the work. The *Templum* is clearly written to educate priests charged with the care of souls. But is it possible to specify more exactly which priests would have been expected to read and study this text? In thirteenth-century England the local parish priest was not yet expected to be a scholar or to attend the schools where the theology and canon law contained in the *Templum* were taught.[20] Few would have had the resources to procure or copy a text like the *Templum,* much less the academic background or literary interests and abilities to read it profitably. But if these parish priests would not have benefited directly from reading the *Templum,* there were other priests and clerics who would. These were the students at the various schools of theology in which thirteenth-century England was particularly rich. In addition to the nascent universities at Oxford and Cambridge, where many clerics studied for only a year or two without following the complete course for a theological or legal degree, there were several other educational centres, at Hereford, Reading, Northampton, and Salisbury, for example, which flourished in the twelfth and early thirteenth centuries but never developed into full-fledged universities. Most English dioceses also had cathedral schools of theology which clerics could attend free of charge, and many bishops seem to have continued the traditional practice of educating promising youths in their own households or *familiae.* The regular monastic orders (Benedictines, Cistercians, Cluniacs, Praemonstratensian and Augustinian canons) and the new mendicant orders (Franciscan, Dominican, Augustinian, and Carmelite friars) also had thriving schools that trained their own and other clerics to carry out the *cura animarum.*[21] Most students in such

20 See J. Goering, 'The Changing Face of the Village Parish: The Thirteenth Century' in *Pathways to Medieval Peasants,* ed. J.A. Raftis (Toronto 1982) 328-30.
21 In general see Nicholas Orme, *English Schools in the Middle Ages* (London 1973); see also Joseph Goering, 'The Popularization of Scholastic Ideas in Thirteenth-Century England and an Anonymous *Speculum iuniorum,*' unpublished Ph.D. diss. (Toronto 1977) pp. 4-61.

schools were expected to exercise some form of pastoral care after
their period of study was completed. Some might return to positions
as simple parish priests.[22] Others would take preferments as archdeacons, penitentiaries, or diocesan officials charged with supervising
pastoral care and hearing confessions in the parishes.[23] Those in
regular orders would exercise pastoral care in their own monasteries
or, if they were Franciscan or Dominican friars, they might serve as
preachers and confessors in local parishes.[24] Finally, even the less
educated parish clergy would be exposed indirectly to the teachings
of the schools. During the course of their duties they would hear sermons and expositions of doctrine or disciplinary decrees, and be con-
fessed of their sins by those who had themselves studied the *Templum*
and similar texts in the schools.

As suggested above, the purpose of the *Templum* was to prepare
clerics to take greater responsibility in the *cura animarum*. The text's
style and content both contribute to this goal. Stylistically, it is
unique. Nearly three-quarters of the text consist of charts, lists, and
diagrams. Formally, these *schemata* serve to break up the text and
highlight the important elements. Easily distinguished on the page,
they serve as a means of quick reference and as an aid to study similar
to the table of contents and the systematic subject index, two other
contemporary experiments designed to make written texts effective
and efficient educational tools.[25] Perhaps because of the technical
difficulties involved in copying a text like the *Templum*, this schematic

22 This became more frequent as the thirteenth century progressed. See L.E.
    Boyle, 'The Constitution "Cum ex eo" of Boniface VIII,' *Mediaeval Studies*
    24 (1962) 263-302; repr. in his *Pastoral Care.*
23 A thoughtful survey of the pastoral roles of various officials in medieval
    dioceses is Gabriel Le Bras, *Institutions ecclésiastiques de la chrétienté
    médiévale*, 2 vols. (Paris 1964) II, 365-441. On the office of 'penitentiary'
    in English dioceses see F. Broomfield, ed., *Thomae de Chobham summa
    confessorum* (Louvain and Paris 1968) pp. lvii-lviii.
24 For Grosseteste's use of mendicant friars to hear confessions and enjoin
    penances in his diocese see *Councils & Synods* II/1, p. 265 n. 3; see also
    Boyle, 'Robert Grosseteste' p. 12 n. 38.
25 For an excellent discussion of the various experiments in MS 'technology' in
    this period see Richard H. Rouse and Mary A. Rouse, *Preachers, Florilegia,
    and Sermons: Studies on the* Manipulus florum *of Thomas of Ireland*
    (Toronto 1979) pp. 3-42.

format never achieved the general acceptance accorded to other inno-
vations, but it did enjoy a considerable vogue in England for several
decades after the *Templum*'s appearance.[26]

The contents of these schemata are theological and legal commonplaces, already familiar to the reader, which are interwoven and juxta-
posed in various ways throughout the text. The result is a kind of
mnemonic exercise in which the reader gains a greater understanding
of the commonplaces by considering them in varying contexts and
from different perspectives. The skills and knowledge thus gained
would stand him in good stead in all aspects of the *cura animarum*,
from hearing confessions, preaching sermons, and administering a
pastoral charge, to meditating upon his own spiritual growth as a
pastor.

The popularity of the *Templum Dei* is obvious from its wide dis-
persion. The ninety-odd extant manuscript copies testify eloquently
to its usefulness throughout the thirteenth, fourteenth, and fifteenth
centuries. The fact that a number of these are written in French and
German hands suggests that it enjoyed a certain popularity on the
continent as well, an unusual development for an English work of
this kind. Furthermore, parts of the text were borrowed explicitly by
at least five thirteenth-century authors of pastoral handbooks.[27]
Countless other authors and scribes copied pieces of the *Templum*
into the body and the margins of their works. It continued to be
transcribed in its entirety during the fourteenth and fifteenth centuries and parts of it served as a source for *The Clensyng of Mannes
Soule,* a penitential treatise written in Middle English prose in the
late fourteenth century.[28] The first six chapters of the *Templum*
were also transposed into English verse by an anonymous fifteenth-

26 The *Speculum iuniorum* (see above, nn. 9 and 21) is an excellent example
   of a long text (approximately 100 fols.) which employs schemata. The MSS
   of Richard Fishacre's *Gloss* on Lombard's *Sentences* (1241 x 1245) utilize
   a schematic diagram to summarize the contents of each distinction.
27 See L.E. Boyle, 'A Study of the Works Attributed to William of Pagula,'
   unpublished D.Phil. diss., 2 vols. (Oxford 1956) Appendix A.
28 See W.K. Everett, 'A Critical Edition of the Confession Section of *The
   Clensyng of Mannes Soule,*' unpublished Ph.D. diss. (University of North
   Carolina at Chapel Hill 1974) pp. xvii-xxiv.

century poet.[29]

The *Templum Dei* may well strike the modern reader as both unusual and illogical. Although its main concern is the examination of the penitent, a vast amount of seemingly heterogeneous material (concerning, for example, the virtues and vices, the Lord's Prayer, the ten commandments, the beatitudes, the sacraments, and canon law) is packed into the text. The result, as one recent commentator has pointed out, is an apparent lack of logical arrangement and consistency.[30] In fact, as will appear, the *Templum* does have a coherent and rather sophisticated structure. In any case, medieval readers and copyists seem to have been less interested in the general structure than in the discrete blocks and schemata of practical instruction that are so foreign to our own literary sensibilities. They did not, for example, feel compelled to provide the kind of clear and consistent chapter headings and divisions which have been introduced into this edition of the *Templum* for the benefit of the modern reader. The introduction which follows will describe the coherence of the work as a whole, but the reader should bear in mind the relatively greater importance of the text as an amalgam of severely practical information presented in mnemonic form as a handbook for the priest obliged to exercise the *cura animarum.*

The content of the *Templum* can be conveniently summarized as follows:

PART ONE: We are the twofold Temple of God (ch. I).

    A. Structure of the corporeal Temple (ch. II)

    B. Structure of the spiritual Temple:
        1. Foundation – Faith (ch. III)
        2. Walls – Hope (ch. IV)
        3. Roof – Love (ch. V)

29 Roberta D. Cornelius, *The Figurative Castle: A Study in the Mediaeval Allegory of the Edifice with Especial Reference to Religious Writings* (Bryn Mawr, Pa. 1930) Appendix: 'The Text of the Middle English *Templum Domini*' pp. 90-112

30 Siegfried Wenzel, in his excellent introduction to one of Grosseteste's later confessional writings: 'Robert Grosseteste's Treatise on Confession, *Deus est,*' *Franciscan Studies* 30 (1970) 235.

Grosseteste begins his treatise with a meditation on I Corinthians 3:17b: 'For God's temple is holy, and that temple you are.' He interprets this verse as applying especially to priests, who should take particular care to prepare themselves as suitable temples for receiving the Lord daily in the eucharistic sacrament. Chapters I-V constitute a detailed description of this human temple. It is twofold, a corporeal temple to receive the human nature of Christ and a spiritual temple to receive the divine nature.

The corporeal or physical temple is the human body divided into its three regions, each the seat of a characteristic human activity (the lowest — the stomach and genitals — the seat of the power of growth; the middle region — the chest, sides, and back — seat of the power of operation or activity; the highest region — the head — seat of the power of reason). Each region has a physical instrument particularly suited to carrying out its activities (feet, hands, mouth), is adorned and strengthened by a cardinal virtue (temperance, courage, prudence), is associated with a Person of the Trinity (Holy Spirit/Will, Father/Power, Son/Wisdom), and offers protection against an enemy of humankind (desire of the flesh, power of the devil, deceptions of the world).[31]

The spiritual temple, dwelling-place of the divine nature in us, consists of the three divisions of the soul: the cognitive or knowing power (*uis congnoscitiua*) which is adorned by the theological virtue Faith, the potential or enabling power (*uis potencialis*) adorned by Hope, and the affective or loving power (*uis affectiua*) adorned by Love.[32] Faith places twelve foundation stones in the spiritual temple, the twelve articles of faith.[33] Hope, a mean between the extremes of presumption and despair, forms the Temple's four walls, i.e. Justice, Mercy, Repentance, and Good Works, each of which is further subdivided according to the three characteristic acts of the soul (*posse*, to have power; *uelle*, to will; *scire*, to know) that constitute an image of the Trinity in us. Building on the solid foundation of Faith, the work of Hope is to strengthen the temple for fruitful penance (cf. ch. XXI.5).

Love is the spiritual temple's roof, and its structure is the most complex. In itself, love has three divisions (*dilectio, caritas, amor*). It is also divided according to the object loved (God, self, neighbour), and these, further, according to the subject loving (mind, soul, heart), thus constituting a twelve-part covering [3 + (3x3)] for the temple. This roof of Love also incorporates the ten precepts of the Decalogue (the ten commandments) and the 'evangelical precepts': 'You shall

---

31 On this psychological doctrine see above, n. 14. On the enemies of humankind see S. Wenzel, 'The Three Enemies of Man,' *Mediaeval Studies* 29 (1967) 47-66.

32 See above, n. 14. For the correlation of the powers of the soul and the three theological virtues see *Edmund of Abingdon,* Speculum religiosorum *and* Speculum ecclesie, ed. Helen P. Forshaw (London 1973) pp. 60-63.

33 This unusual and influential twelvefold division of the articles of Faith is noted by Wenzel, *'Deus est'* p. 233 and n. 8. It is very closely related to Edmund of Abingdon's treatment of the articles (*Edmund of Abingdon* pp. 62-9).

love the Lord your God with all your mind, and all your soul, and all your heart, and your neighbour as yourself.' Thus constructed, and with the aid of the seven petitions of the Lord's Prayer, the roof protects the temple against the seven 'capital' sins (so-called because they threaten Love, the highest or capital virtue), and against their three ministers (*executores*) — devils, the world, and the flesh. The roof is also protection against the planetary influences of the days of the week, and against the characteristic infirmities and wounds toward which one is disposed by these astrological powers.[34]

Having described in detail the structure of the twofold temple, Grosseteste explains in chapter VI that the whole of human life consists in building up and maintaining this temple. By exploring the allegorical relationship between the history of the Jewish Temple and that of the human temple, he concludes that our task at this stage of history is to prevail against 'the world, the flesh, and the devil,' and restore our temple through confession. The tools and weapons that are to be used for this work are those of the medical profession. Grosseteste imagines God as the supreme Physician, the sinner as an infirm and wounded patient, and the priest as the Physician's student and assistant who must supervise the patient's treatment through confession.

In chapters VII-XXII the priest is taught to conduct his confessions according to the general structure of the human temple outlined above.[35] The instructions, however, form not a step-by-step guide, but rather a *summa* or compendium of the theological and legal knowledge necessary for a fruitful confession, which information the priest must adapt to the specific circumstances he might encounter. It begins with an inquiry concerning Faith (ch. VII), including a long, schematic digest of canonical teachings on excommunication (nos. 3-12), because everyone who is excommunicated by the Church is said

---

34 For Grosseteste's familiarity with astrological and medical teachings see R.C. Dales, 'Robert Grosseteste's Views on Astrology,' *Mediaeval Studies* 29 (1967) 357-62; and McEvoy, *Philosophy* pp. 4, 165-6, 182. For the subsequent influence of this passage see Bloomfield, *Seven Deadly Sins* pp. 235, 437 nn. 210-13.

35 This treatment of confession is similar in general outline and in many details to Grosseteste's confessional treatise *Deus est,* ed. Wenzel (see Bibliography), pp. 218-93; see esp. pp. 233-6.

to be unfaithful. The inquiry concerning Hope (ch. VIII) serves to warn the penitent against presumption and despair, the two stumbling blocks to a good confession. Chapter IX begins the examination concerning Love, which will be completed at the end of the treatise (ch. XXI). Its first part consists of a detailed inquisition concerning the seven capital sins against Love and their various 'species' or specific manifestations. Chapter X, concerning the four cardinal virtues, completes the inquisition concerning the twofold temple *per se.*

Grosseteste continues in chapter XI by teaching the priest to consider not only sins themselves, but also the circumstances of the sinner, as well as the possibility of sinning through an excess or a defect of virtue. This last idea is a particular favourite of Grosseteste's and he develops it in unique detail.[36] He next turns to a consideration of difficult matters that frequently arise in the course of confession. Here he is following in the footsteps of Robert Flamborough, canon-penitentiary of St. Victor at Paris. Grosseteste may have known Flamborough personally, and he was certainly familiar with Flamborough's influential *Liber poenitentialis.*[37] The discussion of simony (ch. XII) is a mnemonic summary of Flamborough's teachings. Like the following chapters (XIII-XX) on usury, tithes, restitution, marriage, holy orders, baptism, the eucharist, and penance, it is highly condensed and implies a prior familiarity with the subject on the part of the reader.

To conclude the confessional examination, Grosseteste first returns to his discussion of Love (ch. XXI) to describe the threefold life of love (meditation on God, works of mercy toward one's neighbour, and recollection of one's own wretchedness and dignity).[38] These actions give life to Love in the same way that the works of faith (ch. VII) enliven Faith and the works of penance vivify Hope.

Finally, having completed a thorough and careful examination of the penitent, the priest is instructed (ch. XXII.1) to enjoin a suitable penance according to the guidelines in the penitential canons. Grosse-

---

36 See Wenzel, *'Deus est'* p. 233.
37 See above n. 9. Flamborough's work has been edited by J.J. Francis Firth, *Robert of Flamborough, Canon-Penitentiary of Saint-Victor at Paris,* Liber poenitentialis (Toronto 1971).
38 Cf. *Edmund of Abingdon* p. 34.

teste illustrates how one such penance, the recitation of the Lord's
Prayer, serves to build up and strengthen the human temple (ch.
XXII.2). This last section recapitulates most of the table in chapter
VI, and serves as a fitting conclusion to a work designed to teach
clerics the '*tota cura officii pastoralis.*'

This treatise did not of course have an official title, although most
modern commentators on the text call it *Templum Domini.* Medieval
copyists, however, used a wide variety of descriptive titles, as indicated below in note 56. The editors have chosen the title *Templum Dei*
from the opening words of the text, a quotation from I Corinthians
3:17 ('Templum Dei sanctum est ...'), preferring the reading found
both in the Vulgate and in the majority of manuscript copies.

The original manuscript of the *Templum Dei* has not survived, nor
do we possess what can be identified as an immediate copy of it or
one which might be described as 'official' or 'authoritative' because
of its certain connection with, say, a member of the bishop's *familia.*
The fact that it was one of Robert Grosseteste's most popular writings is obvious from the great number of extant manuscripts in repos-
itories throughout England and the continent. Indeed, no other
pastoral work of his was transcribed so frequently: ninety-six complete or fragmentary copies have survived, spanning a period of some
250 years, from the first half of the thirteenth century to the second
half of the fifteenth. S. Harrison Thomson's list of sixty-eight medieval copies (of which two preserve only very brief excerpts from the
Templum)[39] has been supplemented by Leonard Boyle, who found
fourteen more,[40] by Morton Bloomfield and his collaborators, who

---

39 Thomson, *Writings* pp. 138-40. The following corrections (here in italics)
to that list should be noted: Oxford, Magdalen Coll. 202, *164*B-170C;
Oxford, Trinity Coll. 18, 193a-*200a, XIII m;* London, BL, Arundel 52,
100C-107*a;* Cambridge, UL, Kk.iv.20, 47b-*55b;* Cambridge, UL, Ll.i.15,
*175*a-*182*a; Cambridge, CCC 136, 102a-*106b* (*not mut.*); Cambridge, St.
John's Coll. 15, 71a-77*a;* Cambridge, St. John's Coll. 62, 1a-7*b;* Manchester, John Rylands Lib., lat. 153, 3a-*11a;* Graz, Univ. 881, *216-226* (see F.
Stegmüller, *Repertorium biblicum medii aevi* IX [Madrid 1977] p. 380
[no. 7404,4]). The list of MSS printed by F. Stegmüller, *Repertorium biblicum* V (Madrid 1955) pp. 139-40 (no. 7404,4) is identical to that of
Thomson.
40 Boyle, 'Robert Grosseteste' pp. 46-7 n. 28. Egerton MS. 665 in this list
should be *655.*

reported another seven manuscripts,[41] and by Richard Hunt, who identified one hitherto unknown manuscript in the British Library (Cotton Vespasian D. XIII, fols. 121v-130v) and three more at Oxford (Bodleian Library, Laud. Misc. 652, fols. 216r-221r; Bodleian Library, Lat.th.e. 32, fols. 1r-3v; and University College 58, fols. 210r-211v).[42] There is also a copy in Hamburg's Staats- und Universitätsbibliothek (MS. Theol. 1048, fols. 213r-226r), another in Klagenfurt's Studienbibliothek (Pap. 90, fols. 165r-191v), and a third in the Stadtbibliothek of Trier (MS. 922 [909], fols. 116r-120r).[43]

The choice of a suitable manuscript to serve as the basis of this edition of the *Templum Dei* has been a difficult task, not only because of the exceptionally large number of surviving medieval copies, but also because the work was apparently subject to many textual vicissitudes from an early stage in its diffusion. The editors were able to examine sixty-five manuscripts of the *Templum* in their search for a usefully representative version of the text (see the general editor's Preface), turning first to thirty-seven thirteenth-century copies, and then to twenty-eight fourteenth- and fifteenth-century ones. Of these sixty-five manuscripts, thirty-one are fragmentary, deficient (because of lost words or letters copied closely to the edges of folios and then trimmed away), or too tightly bound to provide a complete text when photographed, and five have a prose format, most or many of the work's characteristic lists and diagrams having been turned into parts of a straightforward, largely non-schematic narrative.[44]

---

41 Bloomfield, *Incipits of Latin Works* pp. 516-17 (no. 5982). Bern 206 in this list should be *260*. This list supersedes the preliminary one published in *Traditio* 11 (1955) 361 (no. 923), which includes seven of the MSS reported by Boyle, 'Robert Grosseteste' pp. 46-7 n. 28.

42 Dr. Hunt's list, which also included the copy in Gonville and Caius College (MS. 351) mentioned by Bloomfield, was part of a private communication of 2 June 1978.

43 See P.J. Becker, *Die theologischen Handschriften der Staats- und Universitätsbibliothek Hamburg*, I: *Die Foliohandschriften*, Katalog der Handschriften der Staats- und Universitätsbibliothek Hamburg 2 (Hamburg 1975) p. 28; Stegmüller, *Repertorium biblicum* IX, p. 380 (no. 7404,4), and G. Kentenich, *Die juristischen Handschriften der Stadtbibliothek zu Trier* (Trier 1919) p. 43.

44 Cambridge, Jesus Coll. 66; Cambridge, Trinity Coll. B.15.20; Manchester, John Rylands Lib., lat. 153; Paris, BN, lat. 3473; Vatican, lat. 7688.

After reviewing the twenty-nine manuscripts not thus eliminated (nineteen copied in the thirteenth century,[45] ten in the fourteenth or fifteenth[46]), the editors concluded that the most satisfactory text is that preserved in the Cambridge volume, Emmanuel College MS. 27, folios 69 r-75 v, copied and corrected in the thirteenth century. Complete and relatively free of unusual and idiosyncratic variants or significant lacunae and other glaring scribal blunders, it typifies well the mainstream of the textual tradition of the *Templum Dei*. Copied in England and ascribed to Grosseteste, with clear divisions and carefully delineated schemata, it has also benefited from the careful scrutiny of perhaps as many as three early readers, who boldly corrected omissions, transpositions, and other plain blunders of the principal scribe (and/or of his exemplar), presumably by drawing upon additional copies of the text.[47] Its early date (mid-thirteenth century) also encouraged its adoption as the basis of this edition, for the editors sought to select a copy as nearly contemporary as possible with Grosseteste's original composition.

A composite codex of i + 244 parchment leaves now in an eighteenth-century binding, Emmanuel College MS. 27 is a miscellany of pastoral, devotional, theological, and other material.[48] The precise

---

45 (1) Cambridge, UL, Ll.i.15; (2) Cambridge, CCC 136; (3) Cambridge, Emmanuel Coll. 27; (4) Borough of Leicester Record Office (without shelf-mark, but in a volume entitled 'Miscellaneous Manuscripts of the 13th and 14th Centuries'); (5) London, BL, Harley 979; (6) London, BL, Harley 3244; (7) London, BL, Royal 5.F.XV; (8) London, BL, Royal 7.A.IX; (9) London, BL, Royal 8.C.IV; (10) Oxford, Bod. Lib. 36; (11) Oxford, Bod. Lib. 631; (12) Oxford, Bod. Lib., Digby 149; (13) Oxford, Bod. Lib., Laud Misc. 112; (14) Oxford, Bod. Lib., Rawlinson A.384; (15) Oxford, CCC 32; (16) Oxford, Trinity Coll. 18; (17) Paris, BN, lat. 4936; (18) Pavia, Univ. 69; (19) Wisbech, Town Lib. 5.

46 (1) Cambridge, UL, Ii.i.22; (2) Cambridge, UL, Kk.iv.20; (3) London, BL, Arundel 507; (4) London, BL, Burney 356; (5) London, BL, Harley 5234; (6) London, BL, Royal 8.B.IV; (7) Oxford, St. John's Coll. 93; (8) Paris, BN, lat. 543; (9) Paris, BN, lat. 12312; (10) Paris, BN, lat. 15700.

47 These 'correctors' have also been at work elsewhere in the MS: see, e.g., fols. 48r [37r], 55v [44v], 58r [47r], 112r [111r], 167v [166v].

48 There is a full description of this MS in M.R. James, *The Western Manuscripts in the Library of Emmanuel College: A Descriptive Catalogue* (Cambridge 1904) pp. 22-7.

nature of its composite make-up cannot be determined with any certainty from a microfilm, but it is obvious from the first quire of twelve leaves, foliated '238-249' in a medieval hand, that all the works contained in this codex did not originally form one volume. A modern foliation, used by James for his catalogue description, begins with what is now the second gathering, marks all the leaves to the penultimate folio of the manuscript, but fails to include the numbers 8, 90-99, and 187-8. Another modern hand has in part refoliated the volume correctly from its beginning, marking, however, only the first leaves of all but the first and last quires.[49] This hand has also indicated the sequence of the quires from one through twenty-four in the lower right-hand corner of the first pages of each.

Ordinal adjectives ('V^9' through 'VIII^9'), faintly but legibly scrawled in the lower margins of folios 80v [69v], 92v [81v], 104v [103v], and 116v [115v] to mark the ends of quires, indicate that folios 69-116 [58-115] were originally intended to belong together, a conclusion confirmed by the presence throughout this section of the manuscript (quires 7-10 as here numbered) of the same style of decoration. This collection of gatherings can be extended in both directions to include folios 21-68 [10-57], i.e. quires 3-6 of the manuscript as now arranged, and 117-86 [116-85], i.e. quires 11-16, leaving gatherings 1, 2, and 17-23, which were subsequently appended to the 'original' codex.

Included in the initial collection of quires (i.e. nos. 3-16) are the *De miseria humane condicionis* of Lotario dei Segni (Pope Innocent III);[50] the influential pastoral summa, *Qui bene presunt,* of Master Richard de Leycestria (alias Wethringsette), composed shortly after

49 The sequence of this most recent foliation vis-à-vis the medieval one in the first quire and the other imperfect modern system is as follows: fols. 1-12 = 238-49, 13-19 = 1-7, 20-100 = 9-89, 101-87 = 100-86, 188-244 = 189-[245]. Folio references hereafter are to the most recent numeration followed immediately by the older modern one in square brackets. When, however, it is necessary to indicate the beginning of a MS page within the text of the *Templum Dei* edited below, only the most recent foliation is cited.

50 This extremely popular treatise, here on fols. 45r1-55v1 [34r1-44v1], has been edited most recently by Michele Maccarrone (Lucca 1955) and Robert E. Lewis (Athens, Ga. 1978).

the Fourth Lateran Council (1215);[51] the widely disseminated apoc-
ryphal letter of Prester John to the Byzantine Emperor, Manuel I
Comnenus;[52] the synodal statutes of Bishop Giles of Bridport (1256-
1262) for the diocese of Salisbury;[53] and the *Speculum ecclesie* of
the Dominican Hugh of Saint-Cher (c. 1200-63), cardinal of St.
Sabina.[54] On folios 79r1-80v2 [68r1-69v2] is an unascribed copy
of the statutes of Robert Grosseteste for the diocese of Lincoln.[55]

The *Templum Dei* begins on folio 69r [58r], the first leaf of
what is now the seventh quire, and ends on folio 75v [64v] with an
ascription to the bishop: 'Expliciunt articuli magistri Roberti Lincolniensis episcopi.'[56] A seventeenth- or eighteenth-century reader,

51 This summa (here on fols. 81r1-119v2 [70r1-118v2]) has not been published. See A.B. Emden, *A Biographical Register of the University of Cambridge to 1500* (Cambridge 1963) pp. 367, 679 (Appendix), s.v. 'Leycestria.'
52 This letter (here on fols. 166v2-168v1 [165v2-167v1]) has been edited by
   Friedrich Zarncke, *Der Priester Johannes* (Leipzig 1876-9) pp. 909-24.
53 These statutes (here on fols. 173v1-176r2 [172v1-175r2]) have been edited
   by Powicke and Cheney, *Councils & Synods* II/1, pp. 551-67, who used
   this copy as the basis for most of their text. The statutes are followed in this
   MS by lists of reserved cases (fols. 175r2-175v2 [176r2-176v2]).
54 This treatise (here on fols. 178r1-181v2 [177r1-180v2]) has been edited
   most recently by G. Sölch, *Hugonis a St. Charo tractatus super missam seu
   speculum ecclesiae* (Münster 1940). See also T. Kaeppeli, *Scriptores ordinis
   praedicatorum medii aevi* II (Rome 1975) pp. 269-71, 276-80 (no. 1990
   [where Emmanuel Coll. MS. 27 is listed]).
55 These statutes have been edited most recently (but without the use of this
   copy) by Powicke and Cheney, *Councils & Synods* II/1, pp. 267-76. C.R.
   Cheney briefly described this MS of the statutes in his *English Synodalia of
   the Thirteenth Century* (Oxford 1941; repr. with new intro. 1968) pp. 114-
   115. The table found in many copies after the statutes here appears immediately before them on fols. 78v2-79r1 [67v2-68r1].
56 See below, ch. XXII.3. The *Templum Dei* is also referred to as *articuli*
   ('... de sacerdotibus et eorum officio') in the incipits of the copies in Oxford,
   Bod. Lib., Laud Misc. 112 and Cambridge, UL, Ll.i.15, but other descriptive
   titles are found as well, including: *distinctiones* (Paris, BN, lat. 4936 and
   lat 12312; Troyes, Bib. municipale 1077; Oxford, Bod. Lib., Laud Misc. 112
   [explicit]; Cambridge, UL, Ll.i.15 [explicit]), *summa* (London, BL, Royal
   5.F.XV; Paris, BN, lat. 15700; Oxford, Bod. Lib., Rawlinson A.384; Oxford, Merton Coll. 257; Oxford, Bod. Lib., Laud Misc. 368 ['summa ... de
   articulis fidei et de fide catholica et de omnibus rebus pertinentibus ad officium sacerdotale']), *tractatus* (Cambridge, CCC 136 ['tractatus ... de sacra-

coming upon this explicit and turning back to what he supposed to be the beginning of the text, has written 'Articuli Roberti lincolniensis episcopi, qui floruit anno 1242' across the upper margin of folio 56r [45r], where an anonymous sermon collection begins.[57] The *Templum* is followed immediately (fols. 75v1-78v1 [64v1-67v1]) by a complete copy of the treatise *De XII abusiuis seculi*, here mistakenly attributed in a second hand to Cyprian,[58] and by Grosseteste's diocesan statutes,[59] which end on the last leaf of quire 7 (fol. 80v2 [69v2]).

The leaves of the text measure approximately 243 x 152 millimeters. The *Templum* has for the most part been copied within a writing space of approximately 180 x 125 millimeters, although parts of some of the diagrams have occasionally strayed into the right-hand margins. The long-line format was used for extended narrative portions of the work, with the schemata being neatly interspersed but not

mentis ecclesie et articulis fidei']; Vatican, lat. 7688 ['tractatus qui templum dei merito nuncupatur super uita hominum et maxime clericorum et ornamentis ecclesiasticis et de decimis necessariis a magistro R. episcopo Lincolij compositus']; Paris, BN, lat. 3473; London, BL, Harley 3244 [see below, p. 22]). Bern, Stadtbibliothek 260 and Metz, Bib. municipale 521 describe the text as a 'speculum sacerdotum et ecclesie.' It should also be noted that 'Templum *Domini*' is found in many MSS as a common variant for 'Templum *Dei*.'

57 The collection begins with an Advent sermon on Matthew 21:1: 'Cum appropinquasset ihesus ierosolimam etc.' Incipit: 'Nota quod quinque ponuntur in hoc euangelio circa aduentum dei in carnem. Primo ponuntur causa motiua ad incarnandum, scilicet, misericordia eius ....' J.B. Schneyer, *Wegweiser zu lateinischen Predigtreihen des Mittelalters* (Munich 1965) pp. 99 and 102 lists two MSS with similar but not identical incipits: (1) Oxford, Bod. Lib., Laud Misc. 323 ('Nota, quod quinque ponuntur in hoc evangelio, primo causa motiua idest Christi misericordia') and (2) Paris, Bib. Mazarine 1046 (968) ('Sex ponuntur in hoc evangelio circa adventum Domini in carnem'). See also A. Molinier, *Catalogue des manuscrits de la Bibliothèque Mazarine* I (Paris 1885) p. 522.

58 Written in Ireland in the 7th C. and attributed variously to Augustine, Cyprian (as here), and St. Patrick, this popular work has been edited most recently by Siegmund Hellmann, *Pseudo-Cyprianus de XII abusivis saeculi*, Texte und Untersuchungen zur Geschichte der altchristlichen Literatur 34/1 [3rd ser. 4/1] (Leipzig 1909) pp. 32-60.

59 See above, n. 55.

separated from one another or from the narrative sections by even so much as the space of one line. In the edition which follows, the divisions between sections of the text have been more clearly indicated.

The whole of the *Templum Dei* was transcribed by one copyist in a neat, dark, uniform bookhand (*littera textualis*), which can be placed in the middle of the thirteenth century. Other hands, as we have seen, revised the text. One of these has also written a set of six memorial verses 'de percussore cleri' in the lower margin of folio 70v [59v],[60] joining it by a line to chapter VII.7 of the text, and has added an acrostic of the seven deadly sins just below the text on folio 72r [61r].[61] A few other blank areas both inside and outside the writing frame have been exploited in the same way by various readers for glosses[62] and verses[63] and for two long explanatory notes, one of which extends over the lower margin of two leaves.[64]

60 'Percuciens clerum Romam petat; excipiuntur / Nescius, erudiens, leuiterque iocans, minor etas, / Ianitor officii pretextu, vimque repellens, / Adiunctis cum personis feriens coeuntes, / Femineus sexus, claustralis, et egra senectus, / Senes, depositi, paupertas, obediensque.' See H. Walther, *Proverbia sententiaeque latinitatis medii aevi* III (Göttingen 1965) p. 793 (no. 21283a) and his *Initia carminum ac versuum medii aevi posterioris latinorum,* 2nd ed. (Göttingen 1969) p. 722 (no. 13976).

61   Superbia, Auaricia, Luxuria, Ira, Gula, Inuidia, Accidia
Saligia <
         Sis humilis, largus, castus, prudens, moderatus, congaudens, fortis:
         Sic septem crimina spernis.
On this (13th-C.) mnemonic formulation of the sins see Bloomfield, *Seven Deadly Sins,* s.v. 'Saligia' as indexed.

62 Canonical references, e.g., accompany ch. VII.4 (fol. 70v [59v]) and brief interlinear jottings are to be found in ch. XIX.2 (fol. 74v [63v]).

63 There are three (partly illegible) lines in the lower margin of fol. 71v [60v] beginning: 'Per papam clerum feriens, falsarius, vrens / ...' (Walther, *Initia* p. 721 [no. 13956]); and a couplet below the text on fol. 75r [64r]: 'Sunt tria, ue, que mestificant me nocte dieque; / Hiccine migro, nescio quando, deueniam quo.' (Cf. Walther, *Initia* p. 989 [no. 18888]; his *Proverbia* V [Göttingen 1967] p. 219 [no. 30850]; and Siegfried Wenzel, *Verses in Sermons* [Cambridge, Mass. 1978] pp. 85, 90, 123.)

64 One of these, in the lower margin of fol. 73r [62r], was drawn from the *Summa super titulis decretalium* of the canonist Godfrey of Trani (Lyon 1519; repr. Darmstadt 1968), 'De vsuris' 6 (= fol. 219v/p. 440, col. 2) and was intended as a commentary upon ch. XIII.3 of the text of the *Templum,* which it follows without a gap. It is prefaced 'Sciendum est quod in septem

The text is modestly decorated. Its first initial, the blue 'T' of 'Templum,' is decorated with an alternating red and blue triangular pattern, S-scrolls, fine ink-line flourishes, and a long extension running down the inner margin of the text and incorporating a linear pattern of alternating red and blue dart-like ornaments with spikes.[65] Two other initials, the 'E' of 'Ex' (ch. II.5) and the 'B' of 'Breuiter' (ch. XXII.1), are blue decorated with internal and external pen-line flourishes. Paragraph marks and brace-lines introducing sections and diagrams are alternately red and blue, and red has been used for the wavy connecting lines within the schemata.

Former ownership of this manuscript by Sompting parish church, Sussex, in the diocese of Chichester, has been suggested by N.R. Ker, who has pointed to a note at the end of the volume. There, on the first page of a pair of leaves containing calendar tables, has been added a reference to the 'Dedicacio ecclesie de sonting' on 17 April 1246.[66] A flyleaf at the beginning of the manuscript preserves on its recto two notes concerned with the Cathedral Church at Salisbury,[67] and some connection with Chichester Cathedral may perhaps be intimated by the specific mention in the calendar of the feast (April 3) 'Sancti Ricardi, episcopi et confessoris,' i.e. St. Richard de Wych of Chichester (1197-1253), canonized in 1262.[68] On folio 244r [245r],

casibus vsura licite petitur secundum canonica iura,' but ends imperfectly in the midst of the fifth case. The second note, at the foot of fols. 72v [61v] and 74r [63r], has the marginal rubric: 'Irregulares sunt ad suscepcionem ordinum.' It bears some similarities to chs. 1-2 of the synodal statutes (1217 x 1219) known as 'Salisbury I' (ed. Powicke and Cheney, *Councils & Synods* II/1, pp. 59-61) and to entries in the *Liber poenitentialis* of Robert of Flamborough (ed. Firth, pp. 118, 158-61). Supplied to expound ch. XVII.1, it is keyed to its intended place after that chapter on fol. 74r [63r] by corresponding letters of the alphabet.

65 Similarly decorated principal initials are on fols. 21r [10r], 45r [34r], 69r [58r], 75v [64v], 79r [68r], 81r [70r], 121r [120r], and 178r [177r].

66 N.R. Ker, *Medieval Libraries of Great Britain: A List of Surviving Books,* 2nd ed. (London 1964) pp. 223, 339.

67 These notes have been transcribed by James (*Descriptive Catalogue* p. 23). The second, a list entitled 'Nomina Regum in ecclesia Sarum,' mentions at the end 'Le Roy Richard de Burdeux' (1377-99) and his two wives.

68 Salisbury and Chichester were tentatively suggested as former owners of MS. 27 in the 1941 ed. of *Medieval Libraries of Great Britain*, pp. 32 and 96,

on which has been copied a 'magnus ciclus paschalis' and instructions
for its use, are marginal references to the priestly ordination of 'I. de
Chyuele' and to the births of 'Iohannes du Boys' and 'I. de Tantone'
on 6 August 1313 and 21 September 1307 respectively.[69] Nothing
else is known of the history of the manuscript until it came into the
possession of Emmanuel College (founded in 1584) at some point
before the compilation of the *Catalogi librorum manuscriptorum
Angliae et Hiberniae* of 1697.[70]

For this edition of the *Templum Dei* the editors have also occasionally turned to another useful thirteenth-century copy of the treatise
in a manuscript in the British Library, Harley 3244, folios 138 r-145 r.[71]
This London copy, transcribed in an English Gothic bookhand toward
the middle of the century, is not ascribed to Grosseteste but is headed
simply: 'Incipit Tractatus perutilis qui uocatur Templum.' Part of a
codex of i + 192 parchment leaves, it is found along with a famous
bestiary [72] and a number of writings which can be placed in the same
genre as the *Templum,* including the *Elucidarium* of Honorius of
Autun, Alan of Lille's *Liber poenitentialis,* and the treatises *De sex
alis Cherubim* (or *De confessione*) and *Qui bene presunt.*[73]

but this ascription was 'rejected' in the 2nd ed., pp. 51, 176, 339. James
(*Descriptive Catalogue* p. 22) had concluded that the codex was 'probably
from Chichester,' although it does not have the distinctive pressmark and
inscription found in other Emmanuel College MSS (nos. 16, 25, 26, 28)
from Chichester. See Ker, *Medieval Libraries,* 2nd ed. p. 50.

69 None of these references can be traced with certainty in the standard biographical indices. A 'John du Boys,' scholar of The King's Hall, Cambridge,
in April 1327, is listed by A.B. Emden, *Biographical Register ... Cambridge*
p. 85.

70 [E. Bernardus], *Catalogi librorum manuscriptorum Angliae et Hiberniae*
(Oxford 1697) I, pt. 3, p. 92 (no. 127).

71 See *A Catalogue of the Harleian Manuscripts in the British Museum* III
([London] 1808) pp. 11-12 (no. 3244) and J.A. Herbert, *Catalogue of
Romances in the Department of Manuscripts in the British Museum* III
(London 1910) pp. 457.

72 See M.R. James, *The Bestiary* (Oxford 1928) p. 17 and plates (where fols.
45 v and 46 r are reproduced.

73 See above, pp. 17-18 and n. 51.

Editorial Practices

For this edition of Robert Grosseteste's *Templum Dei* the editors
have transcribed the text preserved in the Cambridge manuscript,
Emmanuel College 27, folios 69 r-75 v, assigning it the siglum *E.*
Other sigla also appear in the textual apparatus: *E2* for readings
changed or supplied by the medieval correctors of *E,* and *H* for variants drawn, for purposes of emendation, from the British Library
manuscript Harley 3244, folios 138 r-145 r. Any alterations or corrections in the Emmanuel copy which appear to be attributable to the
first hand rather than to *E2* have not been noted.

Words enclosed within square brackets are to be disregarded; angle
brackets surround (i) words supplied for the sake of the sense and (ii)
chapter titles not found in the manuscripts but provided by the
editors for ease of reference. 'Classical' Latin orthography has been
adopted for these titles, even when (as in the headings for chapters
XVIII, XIX, and XX) they supplement *E's* own rubrics. Elsewhere in
the text the spelling of *E* and of *H* (when drawn on) has been retained
without exception, all abbreviations being silently expanded and in
such a way as to conform with the prevailing usage of the scribes.
Dotted *y* (*ẏ*), *e* for 'classical' Latin diphthongs *ae* and *oe,* the long
final minim of Roman numerals (here transcribed as *j*), and other
peculiarities have been reproduced, including the inconsistent use of
u and *v* and of *-ci* for assibilated *-ti.*

The many schemata which are scattered through the text have
been reproduced as faithfully and unambiguously as possible, but the
smaller page size of the edition has precluded preservation of the
manuscript's very long lines. For example, in the manuscript in
chapter II.3 the words 'magnanimitas: que est difficilium agendorum
animosa agressio. — pectus' all fit on a single line, as do 'constancia
... dextra,' 'securitas ... sinistra,' and 'fiducia ... dorsum'; thus the
schema comprises three vertical sections consisting of one line in the
first (the single word 'Fortitudo'), two lines in the second ('agendo'
and 'paciendo'), and four lines in the third. In this edition the four
single lines of the third section have had to be arranged in four
groups of three short lines each, indentation of the second and third
lines being employed to counteract the appearance of blocking.
Throughout the edition indentation in the schemata can be taken as

an indicator that words and phrases which here are spread over two or more lines appear on a single line (occasionally with the final word or words added above or below) in the manuscript.

Punctuation and capitalization are in accord with modern taste and convenience. Chapter titles have been assigned Roman numerals, and each chapter has been further divided into sections introduced by Arabic numerals. The placement and arrangement of the schemata have precluded the numbering of lines in the left-hand margin of each page; all entries in the textual apparatus at the end of the edition are instead keyed to the text by lowercase superscript letters of the alphabet. Superscript Arabic numerals have been similarly used to direct the reader to brief notes at the foot of the page. An appendix keyed to the text by chapter and section numbers provides references to other works of Grosseteste and his contemporaries and to discussions by modern scholars; when the text of the *Templum* is particularly terse or obscure the appendix also quotes parallel passages. A glossary completes the edition; it should be consulted not only for words and phrases which are not to be found in the standard classical dictionaries, but also for common terms like *sermo* and *misericordia* which here may have specialized meanings.

BIBLIOGRAPHY

Bloomfield, M.W. *The Seven Deadly Sins* ([East Lansing] 1952)

Bloomfield, M.W., B.-G. Guyot, D.R. Howard, and T.B. Kabealo. *Incipits of Latin Works on the Virtues and Vices, 1100-1500 A.D.* (Cambridge, Mass. 1979)

Boyle, L.E. 'Robert Grosseteste and the Pastoral Care,' *Medieval and Renaissance Studies* 8 (1979) 3-51; repr. in his *Pastoral Care, Clerical Education, and Canon Law, 1200-1400* (London 1981)

Callus, D.A., ed. *Robert Grosseteste, Scholar and Bishop* (Oxford 1955)

Gieben, S. 'Bibliographia universa Roberti Grosseteste ab an. 1473 ad an. 1969,' *Collectanea Franciscana* 39 (1969) 362-418

McEvoy, J. *The Philosophy of Robert Grosseteste* (Oxford 1982) [Ch. I is 'A Portrait of Robert Grosseteste'; Appendix A, 'A Catalogue of Manuscript-Discoveries, Editions, and Translations of Robert Grosseteste's Works for the Years 1940-1980,' seeks to update the catalogue of S.H. Thomson.]

Stevenson, F.S. *Robert Grosseteste, Bishop of Lincoln* (London 1899)

Thomson, S.H. *The Writings of Robert Grosseteste, Bishop of Lincoln 1235-1253* (Cambridge 1940; repr. New York 1971)

Wenzel, S. 'Robert Grosseteste's Treatise on Confession, *Deus est*,' *Franciscan Studies* 30 (1970) 218-93

TEMPLUM DEI

Cambridge, Emmanuel College, MS. 27

folios 69 r - 75 v

I.   <DE TEMPLO DEI CORPORALI ET SPIRITUALI>

1. 'Templum Dei sanctum est, quod estis uos' (prima[a] ad Corinthios, tercio[b]).[1] Sermo iste, quamuis omnes tangat quos spiritus Dei
inhabitare debet spiritualiter, specialiter tamen sacerdotibus conuenit
quorum corpora 'templum sunt Spiritus Sancti' (vnde Apostolus ad
Corinthios prima,[c] sexto).[2] Singulis quidem diebus templum Domini
ingredimur, ita Christus singulis diebus corpora sacerdotum sacramen-
taliter ingreditur. Templum uero tectum amplum dicitur.[3] Tale debet
esse templum sacerdotis: amplum ad suscipiendum eum quem totus
mundus comprehendere nequid;[4] amplioris scilicet caritatis, amplioris sciencie, et amplioris operis templum quam subditi, et hec ampli-
tudo ad animam pertinet. Templum[d] siquidem siue domus tres partes
habet ipsum integrantes — fundamentum, parietes, et coopertorium
siue tectum — ita debet templum sacerdotis esse quod Dominum
suscipit: has tres partes debet habere.

2. Set quia dupplicis nature est qui suscipitur, diuine et humane,
ideo et duplex templum habere debet sacerdos, vnum aptum diuini-
tati, alterum humanitati, scilicet animam et corpus. Templi quidem
corporalis fundamentum sunt renes et ea que corpus uegetant, cuius
pauimentum est omnis temperancia prohibens ab omnibus inconuenientibus terre inhabitantem. Parietes sunt latera, dorsum, et pectus,
quorum ornamentum est fortitudo quadruplex, scilicet magnanimitas,
constancia, securitas, fiducia. Hec prohibent ab omni inconuenienti
mundi, ut a uentis et huiusmodi que a latere ueniunt. Tectum uero
domus est capud in suis sensibus, cuius ornamentum est prudencia in
suis quatuor speciebus, que sunt prouidencia, circumspectio, caucio,
docilitas.

3. Templi uero spiritualis fundamentum est uis anime congnoscitiua, cuius pauimentum est fides in suis xij articulis; parietes uero,
uis potencialis, cuius ornamentum est spes quadruplex; tectum uero
est uis affectiua anime, cuius ornamentum est amor quadruplex.

---

1 I Cor. 3:17
2 I Cor. 6:19
3 Cf. Isidore, *Etym.* XV.iv.7.
4 *nequid = nequit*

4.

II.   <DE PARTIBUS TEMPLI CORPORALIS>

1. Temperancia diuiditur in abstinenciam, continenciam, et mo-
destiam. Abstinencia est mediocritas in sumendo nutrimentum, prohibens a crapula, et ebrietate, et gula. Continencia prohibet ne quis
contra naturam, uel legem, uel usum debitum ui generatiua operetur.
Modestia prohibet a nimia mollicie uestis, cubilis, balneorum, et con-
similium. Ponit igitur abstinencia tres lapides in fundamento contra-
rios crapule, ebrietati, et gule; continencia eciam tres, cum nichil contra naturam, nichil contra legem diuinam, nichil contra usum debitum
congnoscitur carnaliter. Ponit modestia sex lapides: per asperam uestem, per durum cubile, per breuem sompnum,[d] per frequens flagel-
lum, per nimis calidum et nimis frigidum. Ex hiis xij lapidibus sacrum
et firmum fundamentum fugans undas et omnia terre inconueniencia
fundatur.[c]

2.

Temperancia con-
stat ex tribus, ex:

abstinencia: hec prohibet a crapula, ebrietate, et gula.

continencia: hec prohibet ab usu carnis contra naturam, contra legem, contra debitum
modum.

modestia: consistit in aspera uesti, duro
cubili, breui sompno, flagellis, calido et
frigido nimis.

3.

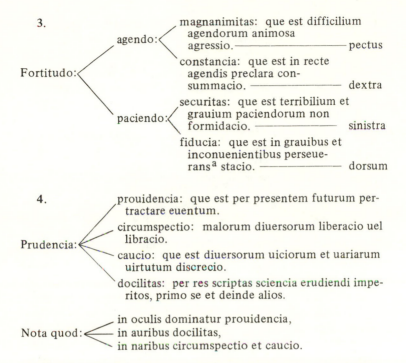

Fortitudo:

agendo:
magnanimitas: que est difficilium agendorum animosa agressio. ———————— pectus

constancia: que est in recte agendis preclara consummacio. ——————— dextra

paciendo:
securitas: que est terribilium et grauium paciendorum non formidacio. ——————— sinistra

fiducia: que est in grauibus et inconuenientibus perseuerans[a] stacio. ——————— dorsum

4.

Prudencia:

prouidencia: que est per presentem futurum pertractare euentum.

circumspectio: malorum diuersorum liberacio uel libracio.

caucio: que est diuersorum uiciorum et uariarum uirtutum discrecio.

docilitas: per res scriptas sciencia erudiendi imperitos, primo se et deinde alios.

Nota quod:
in oculis dominatur prouidencia,
in auribus docilitas,
in naribus circumspectio et caucio.

5. Ex iam dictis perpendi possunt in homine tres regiones, infima, media, suprema: infima in uentre, et renibus, et ceteris circumiacentibus partibus, et in hac uiget uegetacio; media circa cor, in qua uiget operacio;[b] suprema in capite, in qua uiget sensibilis racio.[c] Et habet unaquaque sua instrumenta operatiua, vt os, manus, et pedes. Per pedes acquiruntur affectata, per manus fiunt forcia, per os racio exasspiratur in uerba. Sic suprema Filii in sapiencia disponitur,[d] media Patris in potencia, infima Spiritus Sancti in uoluntate ordinata.[1] Pedibus igitur debet omnis affectus carnalis calcari, manibus omnis potestas diabolica repelli, ore omnis mundi fallacia manifestari. Hec sunt in castello materiali: fossetum, muri, et turris; hec sunt in naui: sentina, malus, et uelum.

1 See Introduction, pp. 10-11.

III. \<DE FUNDAMENTO TEMPLI SPIRITUALIS, ID EST
DE FIDE\>

1. Templi spiritualis fundamentum est fides, que est de tribus,
scilicet de diuinitate Dei, et humanitate Christi, et sacramentis;
et sunt de hiis xij articuli siue xij lapides fundamenti, ut patebit
inferius. /

69v   2.

Quod est Deus unus in essencia, trinus in persona, eternus sine principio et sine fine, omnia
creans ex nichilo.

Quod Filius Dei carnem sumpsit de uirgine, de
ea natus uerus Deus ens et homo.

pro Deo:

Quod idem Filius Dei et uirginis crucifixus est,
mortuus, et sepultus, non necessitate set
sponte, ut nos redimeret.

Quod idem Deus et homo a morte resurexit,
carne glorificata post resurectionem; et quod
nos resurgemus omnes.

Quod idem Deus et homo, Christus Ihesus,
ascendit ad celos in sua humanitate; et quod
nos per ipsum ascendemus.

Articuli fidei:

pro se:[a]

Quod Baptismus mundat ab originali peccato
et dat graciam saluantem,
purgans ——————————————— contra
Quod Confirmacio confirmat Spiri-   originale
tum Sanctum in homine bapti-   peccatum
zato, \<conseruans\>[b] ————

Quod uera Penitencia delet peccatum actuale,
mortale et ueniale. ——

Quod Sacramentum Altaris confirmat penitentem ne recidiuet,
reconciliando et sustentando. ——

Quod Ordines collati conferunt
potestates officiorum et sacramentorum celebrandorum. ——— contra
actuale
pro alio:
Quod Matrimonium legitime con-   peccatum
tractum excludit mortale peccatum in opere generacionis inter
uirum et mulierem. ——

Quod Extrema Unctio alleuiat a
pena corporali et spirituali. ——

3. Primus articulus est de deitate Trinitatis in se et in comparacione eius ad sua opera; quatuor sequentes articuli de Christo, qui est Deus et homo, rex et sacerdos: rex in quantum Deus, sacerdos in quantum homo; homo quidem in natiuitate, sacerdos in passione, rex in resurectione, Deus in ascencione. Nascatur quilibet homo uerus per regeneracionem bonis operibus; sit sacerdos homo mortificatus peccatis siue uiciis per penitenciam; resurgat in fortitudine uirtutum ut rex; ascendat per contemplacionem celestium ut Deus.

4. Item alii vij articuli sequentes sunt vij sacramenta, in remedium homini contra peccata, pro se et pro alio. Si pro se, aut pro originali peccato aut pro actuali: contra originale delictum est Baptismus, cuius corroboracio est Confirmacio; contra actuale est Penitencia, ut deleatur; ut corroboretur est Sacramentum Altaris. Pro alio, ut fiat debita generacio spiritualis, datur Ordo; ut corporalis, datur Matrimonium. Vltimum sacramentum commendat nos ecclesie triumphanti, scilicet Extrema Unctio.

IV. <DE PARIETIBUS TEMPLI SPIRITUALIS, ID EST DE SPE>

1. Spes <est>[a] de futuris bonis habendis et de malis futuris uitandis iusta pro recto opere confidencia. Hec est posita inter desperacionem et presumpcionem. Desperacio est aut a Dei iusticie rigore occasionem contrahens aut ab hominis inpotencia satisfaciendi. Sequitur presumpcio similiter aut a Dei misericordia aut ab hominis ipsius magnificencia. Propter hoc habet spes quatuor partes concurrentes quasi parietes, duas ex parte Dei et duas ex parte hominis: ex parte Dei ipsius iusticiam et misericordiam, ex parte hominis penitenciam et bona opera.

2.

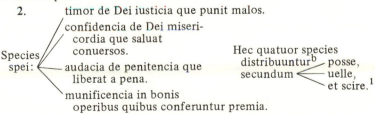

Species spei:

timor de Dei iusticia que punit malos.

confidencia de Dei misericordia que saluat conuersos.

audacia de penitencia que liberat a pena.

munificencia in bonis operibus quibus conferuntur premia.

Hec quatuor species distribuuntur[b] secundum posse, uelle, et scire.[1]

---

1 See Introduction, p. 11.

V. <DE TECTO TEMPLI SPIRITUALIS, ID EST DE CARITATE>

1. Tectum huius sacri templi amor est, qui recipit diuisionem tripliciter, ut secundum se in dilectionem, caritatem, et amorem, quia
primo eligitur ex diuersis res que amatur; secundo quia per compara-
cionem cara habetur; tercio quia per experimentum appetitur uniri.[1]
Hec est divisio amoris secundum se. Secundum ea que diliguntur
diuiditur et secundum ea que diligunt: secundum dilectionem in
amorem Dei, tui, et proximi, et horum unusquisque multipliciter
secundum diligenciam, ut ex anima,[a] corde, et mente diligatur.[2]

2. Pater diligi debet cum adoracione, Filius cum preciosa caritate,
Spiritus Sanctus preeligi debet omni creature; et hec sunt tria precepta Decalogi. Tu debes te ipsum diligere tripliciter, secundum causam, speciem, et effectum: secundum causam, honorando patrem et
matrem; secundum speciem, non te ipsum alienando per coniunctio-
nem alienorum, quod fit per furtum et huiusmodi; secundum effectum, ut nichil a te procedat contra naturam, legem, uel usum debitum: hoc facit fornicator et mechus. Proximum tuum debes diligere
sicut te ipsum: secundum causam, conseruatricem eius, ut non concupiscas res eius quibus sustentatur; secundum speciem, ut ipsum non
occidas; secundum effectum, ut non impedias eius procreacionem per
concupiscenciam inordinatam sue uxoris. Item diligas animam proximi tui ut tuam, et ita non te nec eum decipias falsum testimonium
perhibendo. Hec sunt x precepta Decalogi que hoc precepto conti-
nentur: 'Diliges Dominum Deum tuum ex tota mente tua, et ex tota
anima tua, et ex toto corde tuo, et proximum tuum sicut te ipsum'
(Luc. x capitulo; Exod. xx).[3]

---

1   Grosseteste interprets the three Latin words for 'love' according to their
    etymological derivations: *dilectio,* a selection or choosing (cf. *diligo*);
    caritas, a holding dear (cf. *carus*); *amor,* a likeness or union (cf. *amo*).
2   Cf. Mt. 22:37-40, Lc. 10:27.
3   Lc. 10:27, Ex. 20:2-17

3.

Non adorabis deos alienos, set Dominum Deum tuum adorabis et illi soli seruies.

Deo: Non accipias nomen Dei tui in uanum, scilicet pro nichil iurando.

Sanctifica diem sabbati.

Decem precepta Decalogi:

Honora patrem et matrem.

tibi:

Non furtum facias.

Non mechaberis.

Non dices falsum testimonium.

proximo: Non occides.

Non concupiscas uxorem proximi tui.

Non concupiscas rem proximi tui. /

Dominum Patrem — ex tota mente fortiter.

Dilige:

Dominum Filium — ex toto corde sapienter.

Dominum Spiritum Sanctum — ex tota anima tua dulciter.

4. Sic quoque precepta decem Decalogi sub sermone euangelico 70r succincte comprehenduntur, quia Dominus Pater ex tota mente racionali, et Deus Filius ex toto corde sensibili, et Deus Spiritus Sanctus ex tota anima uegetabili diligendus est, et proximum tuum sicut te ipsum diliges. Forma diligendi te predicta est,[1] quia in Deo Patre diligendus est pater et mater cum honore et reuerencia; et tu, filius eorum, te debes diligere in Deo Filio; et tua que a te procedunt debes diligere in[a] Deo Spiritu Sancto. Et hec est forma diligendi proximum, ut non exerceas in ipsum iniquam potenciam, ipsum occidendo uel ledendo; non fallaci sciencia ipsum decipias, falsum testimonium perhibendo; non concupiscas uxorem proximi tui uel res, uoluntate inordinata affectando.

5. Contra caritatem sunt vij capitalia peccata, et dicuntur capitalia quia capitalem uirtutem inpugnant, scilicet caritatem. Accidia et superbia sunt contra amorem Dei, quia primo denegat peccator Deo obsequium diuinum, deinde erigit se contra ipsum Deum. Secundo odit se superflue sumendo nutrimentum, deinde inordinate se[b] euacuando. Tercio cupit ea que proximi sunt, ipsi inuidendo et eidem iniuriando.[2] Habent eciam hec tria genera uiciorum contra Deum, te,

1   See above, ch. V.2-3.
2   In this threefold division of the seven capital sins only *accidia* and *superbia* are mentioned by name; the second division comprises *gula* and *luxuria,* the third *invidia, ira,* and *avaritia* (or *cupiditas*). Cf. ch. V.6.

et proximum tres executores, qui nostri sunt inimici, scilicet demones, mundum, et carnem. Demones aduersantur; caro blanditur; mundus, quasi medius, aliquando blanditur cum carne, aliquando aduersatur cum demone. Vnde isti tres inimici trinitatem nostram incessanter[a] inpugnant, et habent coadiutores naturales in aliquo[1] contra quos fiunt peticiones septem.[2]

6.[3]

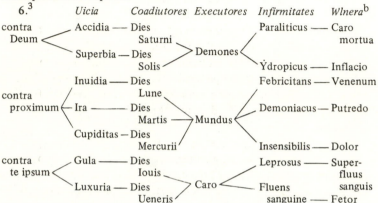

Nota quod peccata dicuntur uulnera quando ab alio inferuntur, et infirmitates eo quod ab interiori procedunt.

VI.   <DE TEMPLO AEDIFICANDO ET CUSTODIENDO>

1. In hoc ergo duplici templo edificando et custodiendo consistit uita hominis. Vna enim manu oportet opus facere et altera tenere gladium, ut habetur in Neemia, quarto.[4] Quod si polluitur post edificacionem uel destruitur, oportet construere iterum et sanctificare. Erat enim homo primus creatus bonus in naturalibus et gratuitis. Hoc significatur per templum quod Dauid incepit et Salomon consummauit.[5] Postea, a Caldeis destructum,[6] reedificatum fuit a Iehu, magno

1 *in aliquo:* in anyone
2 *peticiones septem:* i.e. the seven petitions of the Lord's Prayer (see Mt. 6: 9-13)
3 On this table (ch. V.6) see Introduction, pp. 11-12 and n. 34.
4 Neh. 4:17
5 See I Reg. 5-8.
6 See II Reg. 25.

sacerdote, et Zorobabel.[1] Deinde polluit illud rex Antiochus,[2] et fuit
reedificatum a Iuda Machabeo et fratribus eius.[3] Caldei, id est demones, destruxerunt templum hominis in paradiso. Deinde Ihesus,
magnus sacerdos, uerus Zorobabel, ortus in Babilone, reedificauit et
sanctificauit templum nostrum sua incarnacione, passione, resurectione, et ascencione. Et postea polluit illud rex Antiochus, id est pauper et silens, id est diabolus, qui est rex super omnes filios superbie
cum carne et mundo. Pauper enim est, quamuis magna promittat;
silens, quia uerbum factum est caro. Deinde reedificauit illud Iudas
Machabeus — <Iudas>,[a] id est confessio; Machabeus, id est percuciens, protegens, ingenuosus: percutit enim diabolum, protegit fugien-
tem carnalia, ingenuosus est contra mundi fallacias. Iste cum fratribus
suis, id est aliis sacramentis, destruxit Antiochum et reedificauit
Ierusalem.

2. Vna igitur manu oportet operari templum Dei in fide, spe, et
caritate; altera manu tenere gladium contra hostes tres, qui nostrum
corporale templum nituntur polluere et sic spirituale uiolare, ne Deus
homo in nobis habitet. Vnde gladio fortitudinis percuciendus est diabolus, gladio temperancie caro, gladio iusticie mundus dans prospera,
gladio prudencie mundus dans aduersa.

3. Patet igitur quod in hoc septenario uirtutum consistit tota uita
hominis, <scilicet>[b] fidei, spei, caritatis, fortitudinis, prudencie,
iusticie, et temperancie. Ad harum vij uirtutum inpetracionem sunt
vij peticiones in Oratione Dominica, et earum confirmaciones sunt vij
dona Spiritus Sancti.[4] Harum preparaciones sunt que in Euangelio
nominantur, scilicet pacificus, mundus corde, misericors, esuriens
iusticiam, lugens, mitis, et pauper spiritu. Propter has vij habemus
septem[c] dotes in corpore et anima ex glorificacione, et eciam vij beatitudines que sunt in comparacione ad ea que extra nos sunt.[5]

4. Statuas igitur Deum ut medicum, peccatorem ut infirmum et
uulneratum, peticiones vij <ut>[d] planctus infirmi, cui dabit medicus
preparaciones, medicinam, et post sanitatem et confirmacionem sani-

---

1   See I Esdr. 3.
2   See I Mach. 1.
3   See II Mach. 10.
4   See Is. 11:2-3.
5   For the *preparaciones* and the *beatitudines* see Mt. 5:3-9.

tatis, deinde gaudia in se et ad alios. Huius medici sacerdos est minister, cui periculosissimum est ignorare officium magistri.[1]

5.

Infirmi-tas	Planctus	Prepara-cio	Medicina	Sanitas	Gaudium Intra	Gaudium Extra
Infideli-tas	Sanctifice-tur nomen tuum	Pacificus	Humilitas	Fides	Iudicium	Filii Dei uo-cabuntur
Despera-cio	Adueniat regnum	Mundus corde	Paciencia	Spes	Dominium	Deum uide-bunt
Odium	Fiat uo-luntas	Miseri-cors	Obedien-cia	Caritas	Vnitas	Misericordi-am conse-quentur/
Debilitas	Panem nostrum	Esuriens iusticiam	Bona opera	Fortitu-do	Incorrupti-bilitas [a]	Satura-buntur
Inpru-dencia	Dimitte nobis	Lugens	Peniten-cia	Pruden-cia	Claritas	Consola-buntur
Iniusti-cia	Ne nos inducas	Mitis	Confessio	Iusticia	Subtilitas	Possidebunt terram
Intempe-rancia	Libera nos a malo	Pauper spiritu	Abstinen-cia	Tempe-rancia	Agilitas	Ipsorum est regnum celorum
Vicia	Peticiones	Mores	Habitus	Uirtutes	Dotes	Beatitudines

(marginal note: 70v, beside the Debilitas row)

6. In hac tabula est tota cura officii pastoralis, vt obstetricante manu per uinum et oleum contra uulnera et infirmitates educatur coluber tortuosus,[2] et preambulis preparacionibus detur medicina purgatiua[b] inducens sanitatem, et inductam conseruet quousque pro infirmitatibus dotes et pro uulneribus beatitudines inducantur.

1 *magistri:* i.e. *magistri sui*
2 Cf. Iob 26:13.

VII.   <EXAMINATIO DE FIDE>

1. Inquirat igitur minister medici summi de infirmo si[a] infidelis[b] est secundum articulos fidei prenotatos,[1] attendendo quid est uenire contra unamquamque uirtutem per superfluitatem et diminucionem. Superfluitas in fide est perscrutator, hoc est homo qui non uult credere nisi ratione ductus, vnde scriptum est: 'Perscrutator maiestatis opprimetur a gloria.'[2] Diminucio est cum quis minus credit uel contrarium fidei credit. Et dicitur uterque infidelis. Dicitur eciam infidelis omnis excommunicatus. Dicitur tercio infidelis omnis qui fidem operibus non uiuificat.[3]

2.

Infidelis:
- Male senciens in fide uel contradicens Scripture Sacre, et sanctis, et Ecclesie Catholice.
- Omnis excommunicatus, ad minus maiori excommunicacione, et illa precipue que separat a Deo et Ecclesia.
- Omnis qui non uiuificat fidem operibus; similiter odiens est qui non uiuificat caritatem suis operibus, et desperans qui spem suis non uiuificat operibus.

3. Nota quod fit excommunicacio quandoque a iure, quandoque a iudice.

Excommunicacio:
- Maxima: — Hec separat ab omni communione fidelium.
- Maior: —— Hec separat a percepcione sacramentorum et ab ingressu Ecclesie.
- Minor: —— Hec separat a Deo tantum et non ab Ecclesia, et hec pro quolibet mortali peccato.

---

1   See above, ch. III.2-4.
2   Cf. Prov. 25:27.
3   Cf. Iac. 2:17, 26.

4.

Casus quibus excommunicatur quis ipso iure:

Quando quis incidit uel sustinet heresim dampnatam et sciens, uel confingit nouam.

Quando quis recipit uel fauet hereticis scienter et puplicatis.

Quando quis scismaticus est, recedens scilicet ab unitate Ecclesie Romane.

Quando quis uerberat uel percutit personam religiosam, uel clericum, uel conuersum, uel monialem, uel leprosum de collegio.

Quando quis est inuasor uel exactor rei ecclesiastice, post trinam admonicionem.

Quando quis incendit ecclesiam uel domum, post puplicam sententiam.

Quando quis uiolat ecclesiam cuius causa debeat reconciliari.

Quando quis coadiutor est Saracenorum contra Christianos in armis uel aliis prohibitis.

Quando quis falsarius est litterarum domini pape, uel fallsatas retinet ad usum per xv dies.

Quando quis sortilegus est, precipue cum re sacra, ut crismate uel corpore Christi.

Quando quis sẏmoniacus est principaliter uel procuratorie.

Quando quis usurarius est.

Quando quis decimas debitas et prius solutas detinet.

Quando quis statuta facit contra libertates Ecclesie uel fauet talibus.

Quando quis communicat cum excommunicato fauendo ei.

Quando quis suspensus diuina celebrat.

Item dicunt quidam quod prelati audientes Leges uel Phisicam[1] et percussores parentum excommunicati sunt.[a]

---

1   See Introduction, p. 4 and n. 12.

5.

Percussores clericorum uel detinentes in carcere uel in uinculis.

Incendiarios[a] denunciatos.

Violatores ecclesiarum denunciatos.

Solus papa absoluit
uel aliquis eius
auctoritate:

Sortilegos cum re sacra, uel demonibus immo-
lantes, uel abutentes sacramentis, et aliud
quam Deum adorantes.

Communicantes cum excommunicatis a domino papa scienter, uel eciam in crimine.

Falsarios litterarum domini pape, uel procu-
rantes, uel falsatis scienter utentes.

6.

Percussores cleri-
corum ab alio
quam a papa
absoluendi sunt:

In articulo mortis, set condicionaliter, a quolibet sacerdote absoluitur.

Ianitor uel hostiarius,[1] si non ex deliberacio-
ne uel odio, nisi grauius leserit, ab episcopo
uel a sacerdote.

Monachus monachum uel aliquis religiosus
alium religiosum, nisi tamen enormiter uel
nimis grauiter, a suo prelato domus absoluitur.

7.

Ab episcopo loci
absoluendi:

Mulier, senex, impotentes adire ad curiam.
Item nondum habens xiiij annos.

Si seruus percutit ut se subtrahat ab officio
domini, uel cuius absencia esset domino
dampnosa.

Habens inimicicias capitales.

Inferens leuem iniuriam clerico (set sunt
opiniones).

Si pauper est, absoluendus est condicionaliter.[b]/

---

1   *hostiarius = ostiarius*

71r 8.

Non excommuni-
catur percuciens
clericum:

Si magister uel prelatus clerici est et causa correctionis percutit clericum, non excedendo
modum.

Si incontinenti uim ui repellit sibi illatam, cum
moderamine.

Si iocosa leuitate percutit.

Si inuentus est clericus turpiter agens cum
uxore, uel filia, uel matre, uel sorore.

Si ignorat ipsum esse clericum.

Si clericus est apostata post trinam ammonici-
onem episcopi.

Si clericus gerit arma post trinam ammonicio-
nem episcopi, et habitu derelicto facit guerram.

Si clericus transit ad actum contrarium, ut
faciendo se militem uel bigamum.

Si dominus percusserit seruum suum inuito
domino ordinatum.

9.

Casus quibus non
excommunicatur[c]
qui communicat
cum excommu-
nicato:

Si ignorans factum peritus existens.[1]

Si rusticus uel mulier ignorans ius, uel puer.

Si uxor excommunicati, in omnibus communicare potest viro suo.[a]

Si uir uxoris excommunicate, in reddendo
debitum et in necessariis ministrandis.

Si pater excommunicatur, filius non mancipatus aut in eadem domo manens communicat.[b]

Si pater a filio excommunicato fuerit susten-
tatus, communicat.

Si serui uel famuli ante excommunicacionem
dominis suis adherentes, post communicent;
similiter et clerici excommunicati.[d]

Dominus cum seruo excommunicato communicare potest et conuenire[e] potest; non conuenire excommunicatus.

Mea utilitate communico[f] cum excommunicato, vt[g] petendo ab eo decimas uel oblaciones.

Vtilitate excommunicati, ut causa correctionis
eius, non in soluendis ei debitis.

Socius cum socio excommunicato communicet
in quibus uitare comode non potest.

1 *peritus existens:* being mentally competent

10. Iudex non excommunicat nisi ob contumaciam.

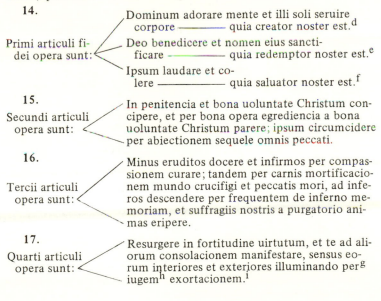

Non debet sen-
tencia timeri:

Si non a tuo iudice excommunicaris.

Si a tuo iudice excommunicaris post appellaci-
onem rite factam.

Si ab excommunicato excommunicaris.

Si intollerabilis error exprimitur in sententia.[a]

11. Nota quod par parem uel maiorem excommunicare non potest, set semper minorem. Poterit enim <par>[b] uel maior facere se
minorem racione delicti, ut si sacerdos fecerit furtum in alterius
parochia.

12. Item mortuus potest excommunicari et absolui, ut si poterit
probari quod excommunicatus, quantum potuit, laborauit ad habendam absolucionem ante mortem, nec stetit per eum, tunc absoluendus est, et corpus est in cimiterio sepeliendum, et pro eo nominatim
orandum. Similiter si poterit de aliquo post mortem probari quod de-
cessit infidelis uel excommunicatus ipso iure, uel quod fecerit aliquid
cuius causa excommunicandus esset, excommunicetur et extumuletur.

13. Diligenter examinato peccatore super casibus excommunica-
cionis, querendum est si fidem operibus suis uiuificat.[c]

14.

Primi articuli fi-
dei opera sunt:

Dominum adorare mente et illi soli seruire
corpore ——————— quia creator noster est.[d]

Deo benedicere et nomen eius sanctificare ——————— quia redemptor noster est.[e]

Ipsum laudare et co-
lere ——————— quia saluator noster est.[f]

15.

Secundi articuli
opera sunt:

In penitencia et bona uoluntate Christum con-
cipere, et per bona opera egrediencia a bona
uoluntate Christum parere; ipsum circumcidere
per abiectionem sequele omnis peccati.

16.

Tercii articuli
opera sunt:

Minus eruditos docere et infirmos per compas-
sionem curare; tandem per carnis mortificacio-
nem mundo crucifigi et peccatis mori, ad infe-
ros descendere per frequentem de inferno me-
moriam, et suffragiis nostris a purgatorio ani-
mas eripere.

17.

Quarti articuli
opera sunt:

Resurgere in fortitudine uirtutum, et te ad aliorum consolacionem manifestare, sensus eorum interiores et exteriores illuminando per[g]
iugem[h] exortacionem.[i]

18.

Quinti articuli opera sunt:

Infidelium exprobrata incredulitate et duricia cordis, ad celestia per contemplacionem sanctam ascendere, et imbutus celestibus misteriis, Christum uenturum[a] iterum ad iudicandum uiuos et mortuos, id est bonos et malos, aliis constanter predicare.[b]

19.

Sexti articuli opera sunt Baptismi:

Quod sit baptizatus penitens. Super hoc credendum est parentibus. Diligencius tamen inquirat si fuit proiectus uel a laico baptizatus.

Quod formam baptizandi sciuerit, si quem in necessitatis articulo[c] baptizauerit. Alioquin baptizetur ab ipso laýco[d] prius inmersus.[1]

Quod sciat Oracionem Dominicam, et Simbolum, et Salutacionem Beate Virginis.[e] Si quem a fonte sacro susceperit, predicta doceat,[f] et procuret quod ipse susceptus sciat, quia ad hec tenetur vnusquisque.[g]

Quod nullus rebaptizetur; set cum dubitat, dicat: 'Si non es baptizatus, ego baptizo te in nomine Patris,' etc. /

71v **20.**

Septimi articuli opera sunt Confirmacionis:

Quod sit confirmatus ab episcopo et quod non sit in mortali peccato confirmatus.

Quod procuret suorum paruulorum confirmacionem infra quinquennium,[h] et quod suum filium ad confirmacionem non teneat.

21.

Octaui articuli opera sunt Penitencie:

Quod penituerit cum dolore de peccatis in corde, cum rubore in ore peccata denudante, cum operum anxietate.

Quod frequenter penituerit secundum quod peccauit, saltem mortaliter.

Quod ei qui potest eum absoluere peccata reuelauerit, aut alii eius licencia petita.

22.

Noni articuli opera sunt Eucharistie:

Quod corpus Christi semel in anno ad minus, si laicus est, susceperit, uel ter, precedente ieiunio et confessione.

Quod comunicauerit extra mortale peccatum.

Quod frequenter intersit communioni Ecclesie singulis diebus, si potest corporaliter, aut saltem mentaliter.

---

1 *Alioquin ... inmersus:* Otherwise let the one who before was (only) dipped (in water) by that layman be (now) baptized.

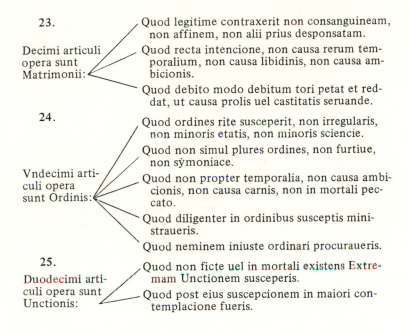

23.

Decimi articuli
opera sunt
Matrimonii:

Quod legitime contraxerit non consanguineam,
non affinem, non alii prius desponsatam.

Quod recta intencione, non causa rerum tem-
poralium, non causa libidinis, non causa am-
bicionis.

Quod debito modo debitum tori petat et reddat, ut causa prolis uel castitatis seruande.

24.

Vndecimi arti-
culi opera
sunt Ordinis:

Quod ordines rite susceperit, non irregularis,
non minoris etatis, non minoris sciencie.

Quod non simul plures ordines, non furtiue,
non sȳmoniace.

Quod non propter temporalia, non causa ambi-
cionis, non causa carnis, non in mortali peccato.

Quod diligenter in ordinibus susceptis mini-
straueris.

Quod neminem iniuste ordinari procuraueris.

25.

Duodecimi arti-
culi opera sunt
Unctionis:

Quod non ficte uel in mortali existens Extre-
mam Unctionem susceperis.

Quod post eius suscepcionem in maiori con-
templacione fueris.

VIII. <EXAMINATIO DE SPE>

1. Sic examinato penitente de articulis fidei, transseundum est ad
spem, que duo habet contraria, scilicet desperacionem et presumpcionem.[a]

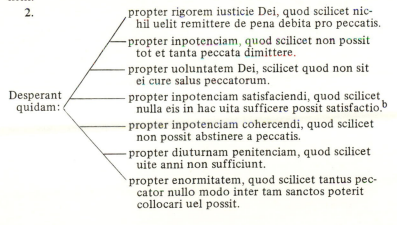

2.

Desperant
quidam:

propter rigorem iusticie Dei, quod scilicet nichil uelit remittere de pena debita pro peccatis.

propter inpotenciam, quod scilicet non possit
tot et tanta peccata dimittere.

propter uoluntatem Dei, scilicet quod non sit
ei cure salus peccatorum.

propter inpotenciam satisfaciendi, quod scilicet
nulla eis in hac uita sufficere possit satisfactio.[b]

propter inpotenciam cohercendi, quod scilicet
non possit abstinere a peccatis.

propter diuturnam penitenciam, quod scilicet
uite anni non sufficiunt.

propter enormitatem, quod scilicet tantus peccator nullo modo inter tam sanctos poterit
collocari uel possit.

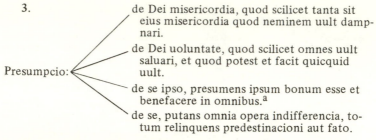

3.

Presumpcio:

de Dei misericordia, quod scilicet tanta sit eius misericordia quod neminem uult dampnari.

de Dei uoluntate, quod scilicet omnes uult saluari, et quod potest et facit quicquid uult.

de se ipso, presumens ipsum bonum esse et benefacere in omnibus.[a]

de se, putans omnia opera indifferencia, totum relinquens predestinacioni aut fato.

4. Desperantes per auctoritates Sacre Scripture et per exempla sanctorum reuocandi et comfortandi sunt, ut homicide[b] per Dauid homicidam,[1] adulteri per mulierem adulteram,[2] fornicatores[c] per Magdalenam,[3] latrones et predones[d] per latronem in cruce,[4] apostate[e] per Petrum apostatam,[5] cupidi per Matheum et Zacheum,[f][6] seuientes[g] in proximos per Paulum;[7] per auctoritates, ut 'Nolo mortem peccatoris set ut conuertatur et uiuat ad me';[8] item, 'In quacumque hora ingemuerit peccator, saluus erit';[9] Gregorius:[h] 'Omnis malicia hominis ad misericordiam Dei tanquam sintilla[10] in medio mari';[11] et consimilia. Similiter et presumentes: per Dei iusticiam et per exempla, ut Iude proditoris,[12] et diuitis euangelici,[13] et aliorum.

IX. <EXAMINATIO DE CARITATE>

1. Restat uidere de peccatis contrariis caritati triplici, et primo de superbia et accidia, quarum quelibet plures habet species.

1 Cf. II Reg. 11-12.
2 Cf. Io. 8:1-11.
3 Cf. Lc. 7:36-50.
4 Cf. Lc. 23:39-43.
5 Cf. Mt. 26:69-75.
6 Cf. Mt. 9:9-13, Lc. 19:1-10.
7 Cf. Act. 9:1-19.
8 Cf. Ez. 33:11.
9 This is a familiar conflation of several verses: Ez. 18:21-2, 33:12; Ioel 2:32.
10 *sintilla = scintilla*
11 not identified
12 Cf. Mt. 26:14-16.
13 Cf. Lc. 16:19-31.

2.

Superbie species: (contra superbi- am est humilitas)

Inobediencia: contempnendo[a] Dei precepta aut faciendo prohibita.

Iactancia: a se ponens bonum habere quod ali- unde habet, aut ab alio malum quod a se habet.

Ypocrisis: fingendo bonum quod non habet, aut occultando malum quod habet ut bonus habeatur.

Contemptus: bonum alterius minuendo uel de- primendo ut bonus appareat et melior.

Arrogancia: cum malum quod habet aliorum malis maioribus comparat ut suum minus appareat.

Inpudicicia: cum non erubescit de malo mani- festo quod habet.

Elacio: cum gloriatur in malo quod fecit et sustentat.

3.

Materia superbie:

bona naturalia, ut fortitudo, ingenium, species, facundia, nobilitas, proles.

bona temporalia, ut uestis, domus, redditus, possessio, clientela, equitatura, prepositura.

bona gratuita, ut sciencia, uirtus, gracia, bona fama, dignitas.

4.

Accidia: (contra accidi- am: uelocitas)

Desidia anime, que est interna mentis tristicia, ut cum sine deuocione[b]

meditatur quis non proficiendo, orat non affectan- do gaudia, legit non sapien- do celestia.

Ocium corporis, quod fit cum a laboribus sanc- tis corpus retrahatur, ut ab auxiliis, doctrinis, et consiliis.

5.[1]

Species ocii:

Pusillanimitas: nullius difficilis agendi agressio.

Timiditas: nullius difficilis paciendi assumpcio.

Necgligencia: que est in bene incepto continu- us defectus.

Remissio: quando ex timore laborandi remitti- tur iusticia.

Suspicio: que est sine spe perducendi ad finem congruum rem inceptam./

Pigricia: que est desiderium superflue quietis.   72r

Segnicies: est tedium uiuendi.

---

1 This schema concerning *ocium* is intended to illustrate the second type of *acedia* (i.e. *ocium corporis*) in ch. IX.4.

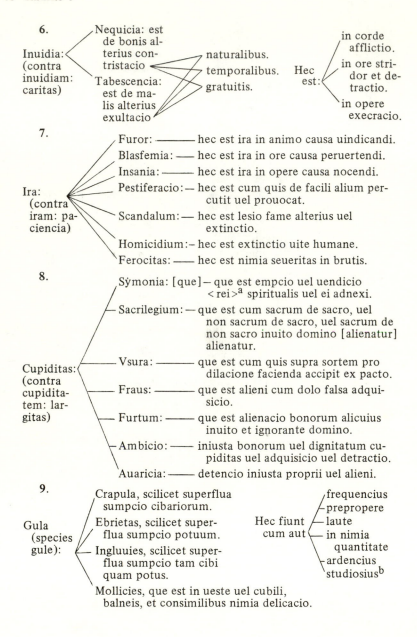

6.

Inuidia:
(contra
inuidiam:
caritas)

Nequicia: est
de bonis al-
terius con-
tristacio

Tabescencia:
est de ma-
lis alterius
exultacio

naturalibus.

temporalibus.

gratuitis.

Hec
est:

in corde
afflictio.

in ore stri-
dor et de-
tractio.

in opere
execracio.

7.

Ira:
(contra
iram: pa-
ciencia)

Furor: ———— hec est ira in animo causa uindicandi.

Blasfemia: —— hec est ira in ore causa peruertendi.

Insania: ———— hec est ira in opere causa nocendi.

Pestiferacio:— hec est cum quis de facili alium percutit uel prouocat.

Scandalum:— hec est lesio fame alterius uel
extinctio.

Homicidium:– hec est extinctio uite humane.

Ferocitas: —— hec est nimia seueritas in brutis.

8.

Cupiditas:
(contra
cupidita-
tem: lar-
gitas)

Sȳmonia: [que]— que est empcio uel uendicio
< rei >[a] spiritualis uel ei adnexi.

Sacrilegium:— que est cum sacrum de sacro, uel
non sacrum de sacro, uel sacrum de
non sacro inuito domino [alienatur]
alienatur.

Vsura: ———— que est cum quis supra sortem pro
dilacione facienda accipit ex pacto.

Fraus: ———— que est alieni cum dolo falsa adquisicio.

Furtum: ———— que est alienacio bonorum alicuius
inuito et ignorante domino.

Ambicio: —— iniusta bonorum uel dignitatum cupiditas uel adquisicio uel detractio.

Auaricia: —— detencio iniusta proprii uel alieni.

9.

Gula
(species
gule):

Crapula, scilicet superflua
sumpcio cibariorum.

Ebrietas, scilicet super-
flua sumpcio potuum.

Ingluuies, scilicet superflua sumpcio tam cibi
quam potus.

Hec fiunt
cum aut

frequencius
prepropere
laute
in nimia
quantitate
ardencius
studiosius[b]

Mollicies, que est in ueste uel cubili,
balneis, et consimilibus nimia delicacio.

10.

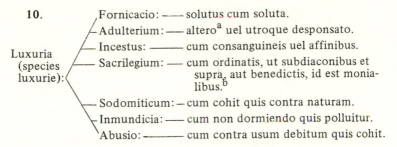

Luxuria
(species
luxurie):

Fornicacio: —— solutus cum soluta.

Adulterium: —— altero[a] uel utroque desponsato.

Incestus: —— cum consanguineis uel affinibus.

Sacrilegium: — cum ordinatis, ut subdiaconibus et supra, aut benedictis, id est monialibus.[b]

Sodomiticum: — cum cohit quis contra naturam.

Inmundicia: —— cum non dormiendo quis polluitur.

Abusio: —— cum contra usum debitum quis cohit.

11. Sunt et alie euacuaciones, ut per sudorem, et per posteriora, per minucionem sanguinis, que, si fiunt non necessitate set causa delectacionis, luxurie appellantur.

X.   <EXAMINATIO DE VIRTUTIBUS CARDINALIBUS>

1.

Fortitudo:

Contra diabolum, resistendo demonibus in oracione et humilitate. Hiis est Pater Deus uirtus et auxilium.

Contra mundum, sustinendo in aduersis et prosperis equanimiter in paciencia et largitate. Hiis est Filius protector et doctor.

Contra carnem, fugiendo delectabilia in ieiuniis et flagellis. Hiis est Spiritus Sanctus refugium et susceptor.

2.

Prudencia:

In diuinis dicitur sapiencia, ut audiat libenter predicare et alia; eciam si de officio debeat predicare, libenter predicet.

In temporalibus dicitur sciencia, ut sciat que ad eius spectant officium, et se et familiam recte regere, et conseruare, et instruere.[c]

3.[a1]

necessa-
ria laico:
Simbolum, scilicet 'Credo in Deum Patrem,' etc. — ad fidem

Oracio Dominica, scilicet 'Pater noster, qui es in celis,' etc. —————— ad carita-tem

'Aue Maria' (Salutacio Uirginis et Filii eius) —— ad spem

Hec tenetur quilibet lai-cus scire, saltem in lingua ma-terna.

Sciencia:

Libri[b] Officii Ecclesie, ut lectionarius, antiphonari-us,[c] baptisterium, gradale, missale.

Liber compoti, ut congnoscat festa mobilia et inmo-bilia.

necessaria sacerdoti:

Liber sacramentorum, ut sciat saltem in sacramentis discrete ministrare.

Liber canonum penitencialium, ut sciat discernere inter lepram et lepram,[2] siue inter peccata, et in-iungere penitencias.

Liber omeliarum Gregorii uel alterius sancti, ut sciat exponere Euangelium populo.

4.

Iusticia:

Quoad Deum, est dare te Deo in sacrificium, in hosti-am, uictimam, immolacionem,[d] et oblacionem, et holocaustum.

Quoad te ipsum, est dare anime tue panem uite et potum, corpori cibum, uirgam, et honus.[3]

Quoad proximum, est dare te illi in auxilium, instruc-tionem, et consilium.

Quoad diabolum, est dare ei peccata tua, quia eius sunt, et penas perpetuas.

5.

Tempe-
rancia:

Modestia in affectu, ut concupiscibili, irascibili, discretiuo.

Modestia in opere: in aspiciendo, commedendo, lo-quendo, manibus operando, incedendo, et alios motus exercendo.

Modestia in cultu, ut uestibus, superlectili, domibus, equitaturis, ornamentis, et aliis.

[in cohercendis delectacionibus][e]

---

1 This schema concerning *sciencia* is a gloss illustrating the second type of *prudencia* (i.e. *in temporalibus*) in ch. X.2.
2 Cf. Deut. 17:8.
3 *honus = onus*

XI. <EXAMINATIO DE SUPERFLUITATE ET DIMINUTIONE VIRTUTUM>

1. Secundum hec ergo penitente diligenter examinato, et circum-stanciis peccatorum diligenter notatis, quia aggrauant et minuunt, vt condicione persone et statu eius, loco et tempore, modo et causa, et si opus fuerit, ad utrumque est conuertendum, scilicet tam superflui-tatis quam diminucionis.[1] Quod tamen raro necesse est, eo quod pauci peccant in superfluo uirtutis, et ideo non ad omnem. Quod tamen scire oportet cum necesse fuerit uti, quia ex ea parte qua uirtus ab homine est suscipit superfluum et diminutum; ex parte enim qua a Deo est neutrum recipit. Sic patet quod omnis uirtus est medium inter duo uicia, inter scilicet superfluitatem et diminucionem, et eis opponitur uirtus./

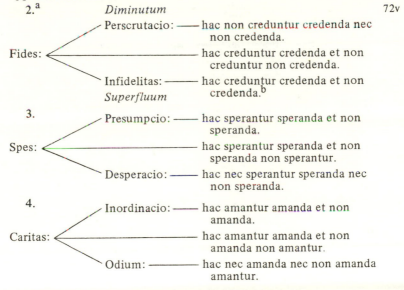

2.[a]   *Diminutum*   72v

Perscrutacio: ——— hac non creduntur credenda nec
                                non credenda.

Fides: ————————————————— hac creduntur credenda et non
                                creduntur non credenda.

Infidelitas: ——— hac creduntur credenda et non
Superfluum   credenda.[b]

3.

Presumpcio: ——— hac sperantur speranda et non
                                speranda.

Spes: ————————————————— hac sperantur speranda et non
                                speranda non sperantur.

Desperacio: ——— hac nec sperantur speranda nec
                                non speranda.

4.

Inordinacio: ——— hac amantur amanda et non
                                amanda.

Caritas: ———————————————— hac amantur amanda et non
                                amanda non amantur.

Odium: ———— hac nec amanda nec non amanda
                                amantur.

---

1 *superfluitatis, diminucionis:* here equivalent to *ad superfluitatem, ad dimi-nucionem*

5.

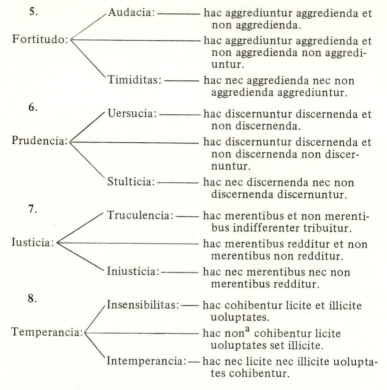

Fortitudo:

- Audacia: ——— hac aggrediuntur aggredienda et non aggredienda.
- ←——————— hac aggrediuntur aggredienda et non aggredienda non aggrediuntur.
- Timiditas: ——— hac nec aggredienda nec non aggredienda aggrediuntur.

6.

Prudencia:

- Uersucia: ——— hac discernuntur discernenda et non discernenda.
- ←——————— hac discernuntur discernenda et non discernenda non discernuntur.
- Stulticia: ——— hac nec discernenda nec non discernenda discernuntur.

7.

Iusticia:

- Truculencia: —— hac merentibus et non merentibus indifferenter tribuitur.
- ←——————— hac merentibus redditur et non merentibus non redditur.
- Iniusticia: ——— hac nec merentibus nec non merentibus redditur.

8.

Temperancia:

- Insensibilitas: —— hac cohibentur licite et illicite uoluptates.
- ←——————— hac non[a] cohibentur licite uoluptates set illicite.
- Intemperancia: —— hac nec licite nec illicite uoluptates cohibentur.

9. Consimiliter est in aliis uirtutibus, ut humilitati opponuntur superbia et ẏpocrisis, una secundum diminucionem, altera secundum superfluitatem.

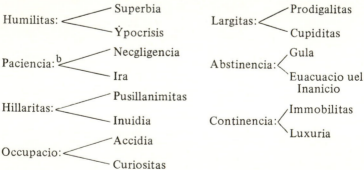

Humilitas:
- Superbia
- Ẏpocrisis

Largitas:
- Prodigalitas
- Cupiditas

Paciencia:[b]
- Necgligencia
- Ira

Abstinencia:
- Gula
- Euacuacio uel Inanicio

Hillaritas:
- Pusillanimitas
- Inuidia

Continencia:
- Immobilitas
- Luxuria

Occupacio:
- Accidia
- Curiositas

10. Hec igitur sunt in genere omnia que debent inquiri a penitente, et discernendum est circa unamquamque uirtutem per sua uicia
diuidendo, prout superius diuiduntur; et quia in aliquibus supratactis
est aliqua difficultas, ut de sỹmonia, usura, irregularitate, et aliis, ideo
de hiis aliquid inferius notandum.

XII.   <EXAMINATIO SPECIALIS DE SYMONIA>

1.

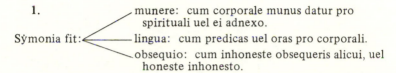

Sỹmonia fit:
- munere: cum corporale munus datur pro spirituali uel ei adnexo.
- lingua: cum predicas uel oras pro corporali.
- obsequio: cum inhoneste obsequeris alicui, uel honeste inhonesto.

2. Sỹmonia est studiosa uoluptas cum effectu,[a] suple emendi uel
uendendi aliquod spirituale uel ei adnexum, uel commutandi pro
temporali.[b] /

3.

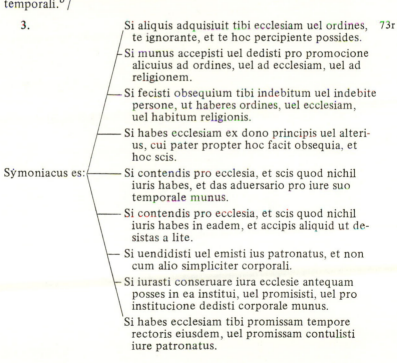

Sỹmoniacus es:
- Si aliquis adquisiuit tibi ecclesiam uel ordines,   73r te ignorante, et te hoc percipiente possides.
- Si munus accepisti uel dedisti pro promocione alicuius ad ordines, uel ad ecclesiam, uel ad religionem.
- Si fecisti obsequium tibi indebitum uel indebite persone, ut haberes ordines, uel ecclesiam, uel habitum religionis.
- Si habes ecclesiam ex dono principis uel alteri-us, cui pater propter hoc facit obsequia, et hoc scis.
- Si contendis pro ecclesia, et scis quod nichil iuris habes, et das aduersario pro iure suo temporale munus.
- Si contendis pro ecclesia, et scis quod nichil iuris habes in eadem, et accipis aliquid ut desistas a lite.
- Si uendidisti uel emisti ius patronatus, et non cum alio simpliciter corporali.
- Si iurasti conseruare iura ecclesie antequam posses in ea institui, uel promisisti, uel pro institucione dedisti corporale munus.
- Si habes ecclesiam tibi promissam tempore rectoris eiusdem, uel promissam contulisti iure patronatus.

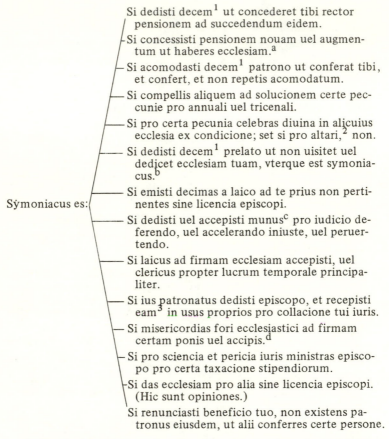

Sȳmoniacus es:

Si dedisti decem[1] ut concederet tibi rector pensionem ad succedendum eidem.

Si concessisti pensionem nouam uel augmentum ut haberes ecclesiam.[a]

Si acomodasti decem[1] patrono ut conferat tibi, et confert, et non repetis acomodatum.

Si compellis aliquem ad solucionem certe peccunie pro annuali uel tricenali.

Si pro certa pecunia celebras diuina in alicuius ecclesia ex condicione; set si pro altari,[2] non.

Si dedisti decem[1] prelato ut non uisitet uel dedicet ecclesiam tuam, vterque est symoniacus.[b]

Si emisti decimas a laico ad te prius non pertinentes sine licencia episcopi.

Si dedisti uel accepisti munus[c] pro iudicio deferendo, uel accelerando iniuste, uel peruertendo.

Si laicus ad firmam ecclesiam accepisti, uel clericus propter lucrum temporale principaliter.

Si ius patronatus dedisti episcopo, et recepisti eam[3] in usus proprios pro collacione tui iuris.

Si misericordias fori ecclesiastici ad firmam certam ponis uel accipis.[d]

Si pro sciencia et pericia iuris ministras episcopo pro certa taxacione stipendiorum.

Si das ecclesiam pro alia sine licencia episcopi. (Hic sunt opiniones.)

Si renunciasti beneficio tuo, non existens patronus eiusdem, ut alii conferres certe persone.

4. Omnis sȳmoniacus priuandus est eo in quo sȳmoniacus est, nec poterit restitui nisi dispensacione domini pape secundum quosdam, et hoc tucius, ut abbas uel alius prelatus religiosus sua prelacia, si aliquem admisit ad habitum sue religionis sȳmoniace.[e] Similiter clericus, ordines si susceperit, non poterit ministrare sine dispensacione pape, nec clericus ecclesiam admitti.[f]

---

1 *decem:* here with the sense of *decem marcas*
2 *altari:* see Glossary
3 *eam:* refers here to *ecclesiam*

XIII.   <EXAMINATIO SPECIALIS DE USURA>

1.[a]   Vsura est lucrum preter sortem ex pacto acceptum uel exactum; nisi enim sit ex pacto, non est usura. Item, nisi sit acceptum uel extortum, non est usura set contractus usurarius.

2.

Usura est:

- Si uendis pro viginti quod modo non ualet nisi decem pro dilacione termini, nisi constet tibi de rei melioracione infra terminum [sit emptum].[b]

- Si emis uinum uel bladum ante tempus uindemiarum uel messium pro tali precio, de quo dubitari non potest quin sit melius <emptum>.[c]

- Si acomodasti decem prestito pignore meliore et condicione quod nisi ad certum diem soluat, tuum sit pignus.

- Si non das dilacionem debiti nisi pro certo promisso.

- Si acomodasti usque ad certum diem sub pena. Set si pena est iudicialis, exigi potest; si conuencionalis, tunc si poterit ostendi dampnum inesse creditori ex dilacione, solui debet; alioquin non.

- Si alicuius hereditatem usque ad decem annos accipis in pignus, nisi concedas quod redimat quando uelit heres, uel eciam fructus sui sint, deductis expensis.

- Si acomodasti decem condicione quod det quinque pauperibus; si teneris pauperibus illis, usura tibi est; si non teneris, usura est pauperi accipienti.

- Si uir dilapidator per manus alterius ab uxore propria accipit ad usuram; <vxor>[d] si accipit usuram a uiro, nisi conuertat usuram in usus communes uiro et sibi, usuram facit.

- Si uendis aliquid carius pro dilacione, usura <est>.[e]

- Si tradis pecuniam negociatori salua tibi sorte, non communicando ei in dampnis uel expensis, usura est.

- Si tradis oues uel alia animalia ad firmam ita quod salua tibi sint animalia numero et ualore, nisi suscipias in te periculum belli uel incendii et pestis letalis, usura est.

3. Ab illis licet usuras petere contra quos licet arma ferre, vt ix, q. x.[1] Similiter licet clerico ad usuram accipere ius ecclesie sue.[2] Non licet a Christiano accipere ad usuram quacumque tui uel alterius corporali necessitate. /

XIV. <EXAMINATIO SPECIALIS DE DECIMIS>

73v

1.

Dande sunt decime, non deductis expensis:

- De omnibus satis, ut grano et huiusmodi.
- De omnibus plantatis, ut uinea, pomeriis.
- De terre nascentibus, ut feno, busco.
- De fructibus possessionum, ut molendinorum, furnorum.
- De fructibus animalium, ut setu, lana, lacte.
- De obuencionibus et redditibus.

2.

Dande sunt decime, deductis expensis:

- De negociacione, ut si facis molendinum ad uendendum, uel emis ut carius uendas.
- De artificio, ut de scriptura et aliis licitis.
- De stipendiis, deductis ad hoc necessariis expensis.[a]

3.

Non dant decimas:

- Priuilegiati a domino papa.
- Meretrices de scorto.
- Alleatores[3] de lucro.
- Histriones de questu.
- Athleta conducticius.
- Mendax predicator.
- Factor deciorum uel consimilis officii.
- Furator et consimiles.

1 *ix, q. x:* This reference is to Gratian's *Decretum*, but the Arabic number '4' has apparently been mistaken for the Roman numeral 'x.' The correct reference is *14 q. 4* or *Causa 14, question 4* (c. 12), where one finds the famous phrase: 'Ubi ius belli, ibi ius usurae.'

2 When a cleric's ecclesiastical benefice is owned by a layman, the cleric can retain more than his due (*lucrum preter sortem*) from the fruits of the property in order to redeem it from the hands of the layman. See the note on this sentence in the Appendix.

3 *alleatores = aleatores*

4. Isti non debent dare decimas nec debent de turpi lucro elemo-sinas[1] facere quousque, arte sua inhonesta relicta, quicquid sic habent Ecclesie resignauerint, et eius auctoritate uel dare uel retinere post resignacionem possunt.

XV. <DE RESTITUTIONE RERUM MALE ADQUISITORUM>

1. Restituenda sunt si:

Fraudulenter dampnificasti aliquem, existens eius iudex, uel aduocatus, uel testis, uel accusator, uel assessor, quia assident.[a]

Dolose dampnificasti aliquem mensurando, nume-rando, ponderando, uendendo, emendo, commu-tando.

Violenter abstulisti, ut opprimendo personam, tur-bando possessiones eius, detinendo soluendum.

Raptu, ut auferendo mobilia, uel expellendo ab immobilibus.

Detentu, ut depositum, uel inuentum, uel debitum, uel promissum (quia omne promissum est debi-tum).

2. In omnibus restitucionibus facienda est restitucio dampnificato uel sibi cui dampnum infertur, uel heredibus suis, uel Ecclesie.

XVI. <EXAMINATIO SPECIALIS DE MATRIMONIO>

1. Nunc ad sacramenta transeundum est, et precipue ad sacramen-tum Matrimonii et Ordinis, propter maiorem difficultatem que in hiis reperitur.

2. Matrimonium est legitima coniunctio uiri et mulieris indiuiduam uite consuetudinem retinens, diuini iuris et humani communicans.

---

1 *elemosinas = eleemosynas*

3.

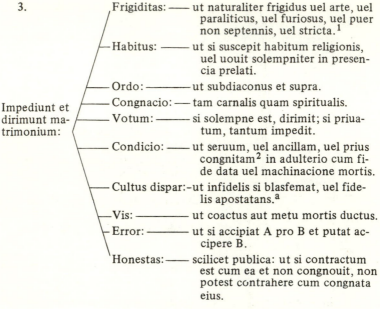

Impediunt et dirimunt matrimonium:

Frigiditas: —— ut naturaliter frigidus uel arte, uel paraliticus, uel furiosus, uel puer non septennis, uel stricta.[1]

Habitus: —— ut si suscepit habitum religionis, uel uouit solempniter in presencia prelati.

Ordo: ——— ut subdiaconus et supra.

Congnacio: — tam carnalis quam spiritualis.

Votum: ——— si solempne est, dirimit; si priuatum, tantum impedit.

Condicio: —— ut seruum, uel ancillam, uel prius congnitam[2] in adulterio cum fide data uel machinacione mortis.

Cultus dispar:–ut infidelis si blasfemat, uel fidelis apostatans.[a]

Vis: ——— ut coactus aut metu mortis ductus.

Error: ——— ut si accipiat A pro B et putat accipere B.

Honestas: —— scilicet publica: ut si contractum est cum ea et non congnouit, non potest contrahere cum congnata eius.

4.

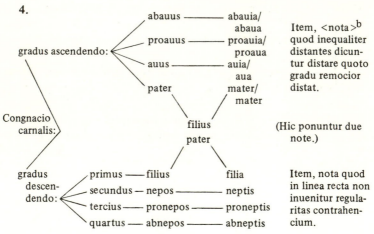

Congnacio carnalis:

gradus ascendendo:

abauus	abauia/abaua
proauus	proauia/proaua
auus	auia/aua
pater	mater/mater

filius
pater

gradus descendendo:

primus	filius	filia
secundus	nepos	neptis
tercius	pronepos	proneptis
quartus	abnepos	abneptis

Item, <nota>[b] quod inequaliter distantes dicuntur distare quoto gradu remocior distat.

(Hic ponuntur due note.)

Item, nota quod in linea recta non inuenitur regularitas contrahencium.

1 *stricta:* a woman with vaginismus
2 *seruum, ancillam, congnitam:* These accusatives should be understood as depending upon an implied 'if one marries.'

5.

Congnacio legalis:

- Adopcio: ut si quem non sui iuris in meum adopto filium uel nepotem, et supra.
- Arrogacio: ut si quem sui iuris assumo in meum filium uel nepotem.
- Affinitas:
  - per matrimonium sine commixtione: hec non transit et dicitur publica honestas.[a]
  - per carnalem commixtionem: hec transit in quatuor gradus.[b] /

6.

Congnacio spiritualis:

- per Baptismum:
  - inter suscipientem et uxorem eius ad susceptum. ⎱ primus gradus
  - inter baptizantem et uxorem eius ad baptizatum.[c] ⎰
  - inter suscipientem et uxorem eius ad patrem et matrem suscepti. ⎱ secundus gradus
  - inter prolem suscipientis tantum ad susceptum et non baptizantis. ⎰
- per Penitenciam: — ut, si quam[d] ad Penitenciam suscepisti, non potes eam in uxorem ducere.
- per Confirmacionem: — ut, si quem uel quam ad Confirmacionem tenuisti, non potes cum tali contrahere.

74r

7.

Affinitas ex carnali copula:

- prima:
  - inter me et parentes congnite a me carnaliter. ⎱ Hec transit usque ad quartum gradum.
  - inter parentes meos et congnitam a me carnaliter. ⎰
- secunda:
  - inter me et coniunctam carnaliter alicui affini mihi prima affinitate. ⎱ Hec in duobus gradibus.
  - inter congnitam a me carnaliter et coniunctum[e] ei affinibus carnaliter. ⎰
- tercia:
  - inter me et coniunctum[f] carnaliter alicui in secundo genere affinitatis. ⎱ Hec non transit.
  - inter congnitam a me carnaliter et coniunctum[g] alicui carnaliter ei affini in eodem[h] genere. ⎰

8.

Impediunt set non dirimunt:

- Vxoricidium: quia in quo deliquid puniendus est.
- Raptus: quia illam quam quis rapuit et non aliam post ducere potest.
- Incestus: ille scilicet qui est cum[a] attinente uxori[b] sue in primo, uel secundo, uel tercio gradu.
- Patricidium: quando scilicet quis occidit patrem spiritualem, uel eciam alium sacerdotem.
- Adulterium: scilicet quando eam congnouit in adulterio quam uult post ducere.
- Interdictum: scilicet quando interdicitur contrahere, maxime cum uirgine, ut infra Septuagesima et Aduentum Domini.

9.

Impediunt a petendo debito:[1]

- Incestus: ut, si alter eorum coniunctus carnaliter fuerit cum consanguineis alterius.
- Tempus, scilicet sacrum: vt dies solempnes, ut Quadragesima et huiusmodi.
- Locus sacer: vt ecclesia, cimiterium.
- Res sacra: ut, si est iuxta corpus Christi uel iuxta reliquias.
- Status: ut, cum fuerit uxor in pariendo, uel puerperio, uel in hora menstrui.
- Causa: ut, cum solum libidinis causa explende uult cohire.

10.

Fines liciti inter contrahentes:

- Castitas: quando contrahunt ne impetantur uel sollicitentur ab aliis, set caste adinuicem simul uiuant.
- Proles: quando contrahunt causa prolis procreande.
- Honestas: quando contrahunt ut non fornicentur.
- Pax: quando contrahunt ut pax reformetur et confirmetur.

---

1 *Debito:* The notion of a 'conjugal debt' is derived from St. Paul, I Cor. 7: 3-4: 'Uxori vir debitum reddat: similiter autem et uxor viro. Mulier sui corporis potestatem non habet, sed vir. Similiter autem et vir sui corporis potestatem non habet, sed mulier.' The cases listed here prohibit one from requesting sexual intercourse with one's spouse, but not from rendering the debt if asked.

XVII. <EXAMINATIO SPECIALIS DE ORDINE>

1.

Hec faciunt
ordinandum
illegitimum
et irregularem:

Crimen: ut heresis, sẙmonia, usura, apostasia, excommunicacio, homicidium, incestus, innaturalis cohitus[1] (ut peccatum sodomiticum), sortilegium, et consimilia.

Condicio: ut seruitus, natiuitas, bigamia, officium illicitum, minor etas, et sciencia.

Casus: ut infirmitas, inbecillitas, enormis lesio.

2.

Crimen:

Originale: si non est baptizatus, non debet ordinari. Item si neophitus; item si non est confirmatus.

Actuale: huius aliud maximum, aliud medium, aliud minimum.

3.

Divisio
criminis
actualis: criminum
aliud

maximum: vt apostasia, heresis, excommunicacio, etc., que excedunt adulterium.

medium: vt adulterium, periurium, falsum testimonium, furtum, etc.

minimum: vt fornicacio, ebrietas, inuidia, accidia, etc.

4. Post maxima crimina publicata legitime, ut in iure per propriam confessionem,[a] uel per testes, uel per euidenciam facti, non dispensatur nisi a domino papa. Si fuerint publicata et non legitime, ut per confessionem extra ius set coram iudice, non dispensatur nisi a domino papa. Si occulta sunt, creditur quod episcopus dispensare potest cum omnibus, exceptis apostatis, hereticis, sẙmoniacis, usurariis, homicidiis, et ordinatis in excommunicacione, uel furtiue, uel bis eodem die, uel ab excommunicato, uel ab heretico uel non habente omnes ordines. Item, si ministrauerit in ordine non suscepto, ut diaconi uel presbyteri. Post media siue publicata[b] sint siue non, episcopi possunt dispensare, ut creditur. Post minima uero, dispensacione non indigent, set potest unusquisque sacerdos curam penitentis habens a minimis absoluere, nisi sint publicata. A mediis similiter nondum diffamatos absoluere potest.

---

1   *cohitus = coitus*

5.
                Seruitus: ut si seruus, ordinari non debet, nisi prius manumissus uel licenciatus.

Natiuitas: ut in fornicacione genitus, nisi sequatur matrimonium.

Bigamia: ut qui duas habuerit congnitas uxores, uel qui corruptam ab alio ducit, uel qui suam post adulterium congnoscit, uel qui adulteratur post matrimonium, secundum quosdam; similiter qui post uotum contrahit. (ij q.)[1] /

74v Condicio:
Officium: ut iudex, aduocatus, testis, assessor in causa sanguinis uel mutulacionis. Item adnexi raciociniis et rei militari addicti; item histriones et omnes exercentes ludibria corporis; item uenator.

Minor etas: quia tonsure debentur vij anni; acolitis xij; subdiaconibus xviij; diaconibus xxv; sacerdotibus triginta.

Minor sciencia: acolitus legat et bene cantet; subdiaconus intelligat; diaconus exponat Euangelium; sacerdos omnia ut supra.

6.

Casus:
Infirmitas: ut lepra, morbus caducus, apoplexia, litargia,[2] epilencia,[3] paralisis, sicca scabies, inpetigo in facie, et omnis inpediens officium perpetue.

Inbecillitas: ut tremulus, cecitas, nimia balbucies, gibbus grandis, nimia curuitas, enormis lesio, precipue in facie uel in manibus.

7. Nota quod homicidium fit facto, consilio, consensu, auctoritate, auxilio, precepto, casu (licitum faciendo uel illicitum), necessitate; et hoc[4] tripliciter: necessitate, casu, uoluntate. Item, si potuisti liberare et non liberasti, non es inmunis homicidii.

---

1 If *ij q.* is a fragmentary reference to Gratian's *Decretum* (which is also referred to above, ch. XIII.3), it should probably be to C. 27, q. 1, c. 24: 'Inter bigamas reputantur qui virginitatem pollicitam prevaricantur.'

2 *litargia = lethargia*

3 *epilencia = epilepsia*

4 *hoc:* refers here to *factum*

XVIII. <EXAMINATIO SPECIALIS> DE SACRAMENTO ALTARIS

1.

Hec sunt sub-
stancialia in
Sacramento
Altaris:

- Panis de grano frumenti et non de alio grano.
- Vinum non corruptum, non acetosum.
- Aqua pura mixta uino in qua nichilominus ui-
  num remaneat in sua specie.
- Verba consecracionis aperte et distincte dicta.
- Homo masculus existens sacerdos.
- Intencio consecrandi cum fide illius sacramenti.

2.

Hec sunt ne-
cessaria Sa-
cramento
Altaris:

- Calix argenteus uel aureus cum sua patena inte-
  gra, munda, et decentis forme.
- Altare dedicatum uel superaltare integrum et
  sanctificatum.
- Due pallee benedicte, integre, et munde.
- Corporalia benedicta, integra, et munda.
- Vestimenta sacerdotalia, integra, et munda.
- Lumen duplex in ecclesia et unum saltem in cera.
- Sacerdos extra mortale peccatum et ieiunus.
- Clericus ministrans sacerdoti.

XIX. <EXAMINATIO SPECIALIS> DE PENITENCIA

1.
Hec sunt sub-
stancialia in
sacramento
Penitencie:

- Sacerdos potens absoluere penitentem.
- Penitens Christianus habens fidem.
- Cordis contricio penitentis.
- Oris confessio penitentis.
- Operis satisfactio penitentis.

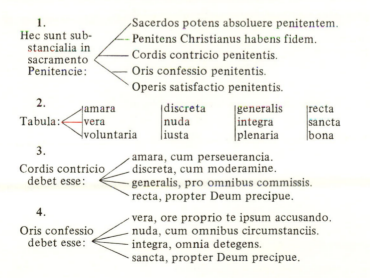

2.
Tabula:

amara	discreta	generalis	recta
vera	nuda	integra	sancta
voluntaria	iusta	plenaria	bona

3.
Cordis contricio
debet esse:

- amara, cum perseuerancia.
- discreta, cum moderamine.
- generalis, pro omnibus commissis.
- recta, propter Deum precipue.

4.
Oris confessio
debet esse:

- vera, ore proprio te ipsum accusando.
- nuda, cum omnibus circumstanciis.
- integra, omnia detegens.
- sancta, propter Deum precipue.

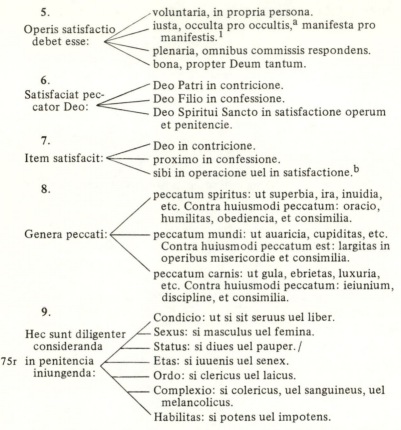

5.
Operis satisfactio debet esse:
- voluntaria, in propria persona.
- iusta, occulta pro occultis,[a] manifesta pro manifestis.[1]
- plenaria, omnibus commissis respondens.
- bona, propter Deum tantum.

6.
Satisfaciat peccator Deo:
- Deo Patri in contricione.
- Deo Filio in confessione.
- Deo Spiritui Sancto in satisfactione operum et penitencie.

7.
Item satisfacit:
- Deo in contricione.
- proximo in confessione.
- sibi in operacione uel in satisfactione.[b]

8.
Genera peccati:
- peccatum spiritus: ut superbia, ira, inuidia, etc. Contra huiusmodi peccatum: oracio, humilitas, obediencia, et consimilia.
- peccatum mundi: ut auaricia, cupiditas, etc. Contra huiusmodi peccatum est: largitas in operibus misericordie et consimilia.
- peccatum carnis: ut gula, ebrietas, luxuria, etc. Contra huiusmodi peccatum: ieiunium, discipline, et consimilia.

9.
Hec sunt diligenter consideranda
75r in penitencia iniungenda:
- Condicio: ut si sit seruus uel liber.
- Sexus: si masculus uel femina.
- Status: si diues uel pauper. /
- Etas: si iuuenis uel senex.
- Ordo: si clericus uel laicus.
- Complexio: si colericus, uel sanguineus, uel melancolicus.
- Habilitas: si potens uel impotens.

10. Hec sunt diligenter consideranda in unoquoque penitente, et precipue si debet eius penitencia debita commutari, augeri, uel minui, quia secundum hoc est penitencia arbitraria.

---

1   *occultis, manifestis:* refer here to *peccatis*

XX.   \<EXAMINATIO SPECIALIS\> DE BAPTISMO

1.

Hec sunt \<de\>[a] substancia Baptismi:

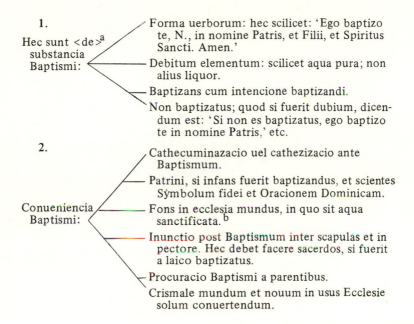

Forma uerborum: hec scilicet: 'Ego baptizo te, N., in nomine Patris, et Filii, et Spiritus Sancti. Amen.'

Debitum elementum: scilicet aqua pura; non alius liquor.

Baptizans cum intencione baptizandi.

Non baptizatus; quod si fuerit dubium, dicendum est: 'Si non es baptizatus, ego baptizo te in nomine Patris,' etc.

2.

Conueniencia Baptismi:

Cathecuminazacio uel cathezizacio ante Baptismum.

Patrini, si infans fuerit baptizandus, et scientes Sỹmbolum fidei et Oracionem Dominicam.

Fons in ecclesia mundus, in quo sit aqua sanctificata. [b]

Inunctio post Baptismum inter scapulas et in pectore. Hec debet facere sacerdos, si fuerit a laico baptizatus.

Procuracio Baptismi a parentibus.

Crismale mundum et nouum in usus Ecclesie solum conuertendum.

XXI.   \<CONCLUSIO EXAMINATIONIS DE CARITATE\>

1.

Opera caritatis ad corpus:[1]

Eripere hominem a carcere.

Ereptum curare.

Dare domum curato.

Dare cibum suscepto.

Dare potum refecto.

Dare uestem saturato.[c]

1   Cf. Mt. 25:35-6.

2.

Spiritualiter: opera caritatis ad animam:

A tenebris peccati et ignorancie extrahere.

Infirmum et uulneratum, ut bonus Samaritanus, curare.[1]

Ouem errabundam, ut bonus pastor, reuehere ad ouile.[2]

Esurientem pane uite, et doctrine, et exempli boni reficere.

Sicientem gracia consolacionis animare.

Vestem bonorum operum tuorum nudo porrigere.

3.

Contemplacio duplex:

Aspectu:

Meditando in celestibus, comparando eciam celestia huic uite fragili.

Legendo in Sacra Scriptura, in uitis sanctorum, laudando Deum pro sua excellencia, benedicendo ei pro sua misericordia nobis multipliciter exhibita.

Affectu:

Diligendo Deum fortiter, sapienter, dulciter cum oracione deuota.

Languendo: ad celestia properando, contempnendo hec transsitoria cum lamentacione.

4.

Recordare homo et attende:

Quod in peccato conciperis, et forte in mortali, et ex uili materia spermatis.

Quod nascebaris in gemitu et angustia, prius sanguine menstruo nutritus.

Quod nutritus es in labore et sollicitudine et forte ex male adquisitis.

Quod in timore et tremore decedis et forte ad Gehennam preparatus.

Quod efficeris esca uermium et cinis et forte cibus auium uel piscium.

Miseria humane condicionis ex corpore

Quod anima tua par est angelis in creacione.

Quod per Christi animam coniunctam Deitati est anima tua nobilior angelis.

Quod angelus Dei est custos anime tue in hoc seculo.

Quod assumpto anima tua iterum suo corpore duplicem habebis[a] stolam.

Quod naturam tuam corpoream uidebis in Filio Dei.

Dignitas humane condicionis ex anima

---

1 Cf. Lc. 10:30-35.   2 Cf. Lc. 15:4-7.

5. In hiis tribus, scilicet in meditacione celestium, et in operibus misericordie, et recordacione[a] miserie et dignitatis condicionis humane[b] est tota uita caritatis triplicis, quia sicut fidem uiuificant sua bona opera, ita et caritatem sua. Dilectionis Dei uita est cum meditacione; proximi, ut supradictum est,[1] misericordia; tui ipsius est tue condicionis recordacio.[2] Spes uero uiuificatur operibus penitencie, [ut][c] de quibus supra dictum est.[3]

XXII. <CONCLUSIO OPUSCULI>

1. Breuiter et summatim recolligendum de hiis tribus uirtutibus, scilicet fide, spe, et caritate, et operibus suis ipsas uiuificantibus, et uiciis illis oppositis eas mortificantibus, et iterum de quatuor uirtutibus cardinalibus siue politicis,[d] scilicet prudencia, temperancia, fortitudine, et iusticia, et suis oppositis uiciis; eciam diligenti facta inquisicione et discreta examinacione penitentis, iniungenda est ei penitencia secundum canones, habito moderamine secundum circumstancias prius dictas.[4]

2. Ad hanc septenariam uirtutem habendam sunt vij peticiones in Oracione Dominica, et confirmatur[e]/ iste septenarius per vij dona   75v
Spiritus Sancti. Inprimis enim fides Filii Dei sapienciam nobis concedit, vnde petimus nomen Dei sanctificari in nobis, et non nostrum. Spes certa dat nobis Dei Patris fortitudinem, vnde petimus eius regnum aduenire in nobis, et non nostrum. Caritas dat nobis Spiritus Sancti uoluntatem, vnde petimus eius uoluntatem fieri in nobis, et non nostram. Sic hiis tribus peticionibus Trinitatem inuocamus in humilitate, paciencia, obediencia ad fidem, spem, caritatem optinendam et conseruandam. Item panis dat fortitudinem; et pena reddit hominem insipientem et stultum; affluencia enim prosperorum facit hominem per eorum amorem iniustum. Vnde petendo panem nobis dari, petimus fortitudinem contra diabolum; petendo debita, id est penas debitas pro peccatis dimitti, petimus prudenciam contra mundi

---

1 See above, ch. XXI.1-2.
2 In this rather terse sentence Grosseteste relates the works of a life of love (*meditacio, misericordia, recordacio*) to love's three proper objects: love of God, love of neighbour, and love of self.
3 See above, chs. IV.1-2 and XIX.
4 See above, chs. XI.1 and XIX.9-10.

aduersa; petendo eciam non induci in temptacionem per prospera ipsa amando inordinate, petimus iusticiam. Vltimo petimus liberari a malo. Debet enim homo appellare intemperanciam malum, quia in ipsa primo malum senciit.[1] Hoc est enim quod quasi magis uolo. Vnde liberari ab eius seruitute est esse in temperancia; quod nobis patrare dignetur Deus.[2]

3. Expliciunt articuli magistri Roberti Lincolniensis episcopi.

---

1 *senciit = sensit*
2 Ch. XXII.2 is a partial recapitulation of the table (ch. VI.5) which is said to contain the 'tota cura officii pastoralis.' Grosseteste adds here that the first three petitions of the Lord's Prayer invoke the Trinity; the next three invoke aid against the devil, the world, and the flesh; and the last petition ('libera nos a malo') invokes aid against the sin of intemperance, by which Adam and Eve were led to eat the forbidden fruit and thus first to know evil (see Gen. 2:15-17, 3:1-8). In the sentence 'Hoc est enim quod magis uolo' Grosseteste introduces a pun on the ablative singular form of the word *malum* ('evil' and the 'apple' of the Garden of Eden) and the verb *malo* ('prefer,' derived from *magis uolo*).

TEXTUAL NOTES

E = Cambridge, Emmanuel College, MS. 27. $E2$ = medieval correctors of E. H = British Library, MS. Harley 3244. References are to page numbers of this edition.

29: a prima *(MS* i^a *) inserted by E2 after erasing final letter* s *of previous word and supplying it above the line: om. E*
　　b tercio *(MS* iij̇*) corrected from* iiij̇ *by E2*
　　c prima *H:* primo *(MS* j̊*) E*
　　d templum *eds.:* tectum *EH*
30: a corporis *E2: om. E*
　　b anime *E2: om. E*
　　c Ponit modestia ... fundatur *E2 (in lower margin): om. E*
　　d breuem sompnum *H:* breue sompnium *E2*
31: a perseuerans *eds.:* -anter *EH*
　　b operacio *eds.:* racio *EH*
　　c racio *E2 (over erasure):* oratio *H*
　　d disponitur *eds.:* -nuntur *E: om. H*
32: a pro se *preceded by schema which is now largely trimmed away at outer edge of folio but which probably incorporated the names of the four sacraments linked by lines to* pro se: *schema om. H*
　　b conseruans *supplied from H*
33: a est *supplied from H*
　　b distribuuntur *corrected from* dist(?)untur *by E2*
34: a anima *E2: om. E*
35: a in *H:* et *E*
　　b inordinate se *E2 (in right margin): om. E*
36: a incessanter *E2 (below line): om. E*
　　b Wlnera *E2 (over erasure)*
37: a Iudas *supplied by eds.: om. EH*
　　b scilicet *supplied from H*
　　c septem *E2 (in right margin): om. E*
　　d ut *supplied by eds.: om. EH*
38: a incorruptibilitas *corrected from* incorruptas *by E2*
　　b purgatiua *corrected from* purgat *by E2*

39:    a   si *E2 (over erasure?)*

         b   infidelis *corrected from* fidelis

40:    a   Item dicunt ... excommunicati sunt *transposed from bottom of fol. 70v (see textual n. b to p. 41)*

41:    a   incendiarios *H:* -darios *E*

         b   condicionaliter *followed by last entry of ch. VII.4 and sign indicating its correct place in text on fol. 70v (see textual n. a to p. 40)*

42:    a   viro suo *E2: om. E*

         b   communicat *H:* -cant *E*

         c   excommunicatur *corrected from* -catus *by E2*

         d   excommunicati *E2 (in right margin): om. E*

         e   conuenire *eds.:* -iri *EH*

         f   communico *H:* -ito *E*

         g   vt *E2 (over erasure)*

43:    a   sentencia *E2: om. E*

         b   par *supplied from H*

         c   Diligenter ... uiuificat *E2 (in lower margin): om. E*

         d   est *E2: om. E*

         e   est *E2: om. E*

         f   est *E2: om. E*

         g   per *E2: om. E*

         h   iugem *eds.:* ingenii *E2: om. EH*

         i   exortacionem *E2 (extending into right margin): om. E*

44:    a   Christum uenturum *E2 (in right margin): om. E*

         b   aliis constanter predicare *E2: om. E*

         c   in necessitatis articulo *E2 (above line): om. E*

         d   laÿco *E2 (outside entry): om. E*

         e   et Salutacionem Beate Virginis *E2 (above line): om. E*

         f   predicta doceat *E2 (above line and in right margin): om. E*

         g   quia ... vnusquisque *E2: om. E*

         h   infra quinquennium *E2 (in upper margin): om. E*

45:    a   Sic ... presumpcionem *E2 (above line and in right margin): om. E*

         b   satisfactio *H:* satisfacti *E (corrected to* satisfacio *by E2)*

46:    a   in omnibus *E2: om. E*

         b   homicide *E2 (above line): om. E*

         c   fornicatores *E2 (above line): om. E*

d latrones et predones *E2 (above line and in right margin):
om. E*

e apostate *E2 (above line): om. E*

f et Zacheum *E2 (above line and in left margin): om. E*

g seuientes *eds.:* -tem *E: om. H*

h Gregorius *E2 (in right margin): om. E*

47: a contempnendo *H:* -enda *E*

b deuocione *H:* -cone *E*

48: a rei *supplied from H*

b studiosius *E2: om. E*

49: a altero *E2 (over erasure)*

b id est monialibus *E2: om. E*

c et instruere *E2: om. E*

50: a *Ch. X.3 transposed here by eds. from top of fol. 72v (where
it follows ch. XI.1; see textual n. a to p. 51).*

b Libri *H:* -ber *E*

c antiphonarius *eds.:* -pharius *E:* antiph'o *H*

d immolacionem *E2 (above line): om. E*

e in cohercendis delectacionibus *om. H*

51: a *Ch. XI.2 is the second entry on fol. 72v, following the
schema transposed to fol. 72r by eds. as ch. X.3 (see textual
n. a to p. 50).*

b credenda *followed by superfluous interlinear and marginal
addition of E2 (*'Et sic patet quod omnis virtus est medium
inter duo vicia, scilicet inter superfluitatem et diminucionem, et eis ut vni opponitur uirtus'*); cf. ch. XI.1 above.*

52: a non *H:* nec *E*

b paciencia *H:* conpaciencia *E*

53: a effectu *H:* af- *E*

b temporali *followed by ch. XIII.1 and sign indicating its
correct place in text on fol. 73r (see textual n. a to p. 55)*

54: a ecclesiam *H:* -ias *E*

b vterque est symoniacus *E2: om. E*

c munus *E2 (above line): om. E*

d uel accipis *E2: om. E*

e symoniace *H:* -ate *E*

f admitti *E2: om. E*

55: a *Ch. XIII.1 transposed from fol. 72v (see textual n. b to*
      p. 53)
      b sit emptum *om. H*
      c emptum *supplied from H*
      d vxor *supplied from H*
      e est *supplied from H*
56: a expensis *E2: om. E*
57: a quia assident *eds.:* quia allident *E: om. H*
58: a apostatans *eds.:* apostans *E:* apostotans *H*
      b nota *supplied from H*
59: a honestas *E2 (outside schema): om. E*
      b quatuor gradus *E2 (over erasure)*
      c baptizatum *H:* baptm̄ *E*
      d quam *H:* quem *E*
      e coniunctum *H:* -tam *E*
      f coniunctum *H:* -iuctum *E*
      g coniunctum *H:* -tam *E*
      h eodem *H:* tercio *E*
60: a cum *H:* in *E*
      b uxori *H:* -is *E*
61: a confessionem *H:* -iom *E*
      b publicata *H:* publica *E*
64: a occultis *H:* -ta *E*
      b satisfactione *eds.:* -facitione *E: om. H*
65: a de *supplied from H*
      b in quo ... sanctificata *E2: om. E*
      c saturato *expunged by E2 who has substituted* nudo
66   a habebis *eds.:* -bit *EH*
67   a recordacione *H:* -cionis *E*
      b et dignitatis condicionis humane *eds.:* condicionis humane
         et in dignitate condicionis anime *E:* et dignitas condicionis
         humane *H*
      c ut *om. H*
      d politicis *eds.:* pollicitis *E:* policitis *H*
      e confirmatur *eds.:* -antur *E:* -formatur *H*

APPENDIX

References are to chapters and sections of the text. The following abbreviations are used in the Appendix:

Alanus   *Alain de Lille*, Liber poenitentialis, ed. Jean Longère. 2 vols. (Louvain 1965)

Chobham   *Thomae de Chobham summa confessorum*, ed. F. Broomfield (Louvain 1968)

Councils & Synods   *Councils & Synods, with Other Documents Relating to the English Church*, II: *A.D. 1205-1313*, ed. F.M. Powicke and C.R. Cheney, 2 pts. (Oxford 1964)

Decretales   *Corpus iuris canonici*, II: *Decretalium collectiones*, ed. E. Friedberg (Leipzig 1881)

Decretum   *Corpus iuris canonici*, I: *Decretum magistri Gratiani*, ed. E. Friedberg (Leipzig 1879)

De dotibus   J. Goering, 'The *De dotibus* of Robert Grosseteste,' *Mediaeval Studies* 44 (1982) 82-109

Deus est   S. Wenzel, 'Robert Grosseteste's Treatise on Confession, *Deus est*,' *Franciscan Studies* 30 (1970) 218-93

Flamborough   *Robert of Flamborough, Canon-Penitentiary of Saint-Victor at Paris,* Liber poenitentialis, ed. J.J. Francis Firth (Toronto 1971)

Petrus Cantor   *Pierre le Chantre,* Summa de sacramentis et animae consiliis, ed. Jean Albert Dugauquier. 5 vols. (Louvain 1954-67)

Raymund of Peñafort   *Summa Sancti Raymundi de Peniafort Barcinonensis Ord. Praedicatorum de poenitentia, et matrimonio ...* (Rome 1603; repr. Farnborough 1967)

St. Edmund   *Edmund of Abingdon,* Speculum religiosorum *and* Speculum ecclesie, ed. Helen P. Forshaw (London 1973)

Serlo   J. Goering, 'The *Summa de penitentia* of Magister Serlo,' *Mediaeval Studies* 38 (1976) 1-53

Tancredus   *Tancredi summa de matrimonio*, ed. Agathon Wunderlich (Göttingen 1841)

II.1	Cf. *Deus est,* pp. 290-91.
II.3	Cf. *Deus est,* pp. 291-2.
II.4	Cf. *Deus est,* pp. 286-7.
II.5	*Sic suprema Filii ... ordinata:* Cf. St. Edmund p. 62: 'Qui voluerit bene operari, necesse est ut sciat, velit et possit facere .... Sed quia nichil horum a nobis habemus, scilicet nec scire, nec velle, nec posse, ideo dedit nobis Deus fidem, per quam implere possumus potencie nostre defectum; spem, ad supplendum nostre sciencie profectum; caritatem, ut nostram ordinemus voluntatem ad utrumque. Fides enim ordinat nos Patri, cui potestas appropriatur; spes ad Filium, cui sapiencia appropriatur; caritas Spiritui sancto, cui appropriatur bonitas sive dilectio.' *affectus carnalis ... potestas diabolica ... mundi fallacia:* Cf. S. Wenzel, 'The Three Enemies of Man,' *Mediaeval Studies* 29 (1967) 47-66.
III.1-4	Cf. St. Edmund, pp. 62-5; *Deus est,* pp. 233 and n. 38, 244-7.
IV.1	Cf. *Deus est,* pp. 260-61.
IV.2	*secundum posse, uelle, et scire:* Cf. St. Edmund, cited above in notes on II.5.
V.2	*Pater ... tria precepta Decalogi:* Cf. St. Edmund, p. 58: 'Per primum igitur <mandatum> ordinatur homo ad Deum Patrem; per secundum ad Filium, qui dicit, "Ego sum via, veritas et vita." ... Per tercium ordinatur homo ad suscipiendum Spiritum sanctum. Hec ergo tria docent qualiter homo debeat ordinari ad unum Deum in Trinitate personarum, ad cuius similitudinem in anima est creatus ....'
V.4	Cf. *Deus est,* p. 262.
V.5	*trinitatem nostram:* Cf. St. Edmund, p. 58: 'Homo debeat ordinari ad unum Deum in Trinitate personarum, ad cuius similitudinem in anima est creatus.'
V.6	*Coadiutores, Infirmitates, Wlnera:* These categories are not explained in the text. See Introduction, p. 12 n. 34. Grosseteste's *Dicta* are filled with medical examples and

allusions, some of which bear a resemblance to this text. See, e.g., *Dicta* 2: 'Curabit namque <theologus> vt medicus, immo supra quam medicus potest facere, lepram heretice prauitatis, ydropim cupiditatis, ciragram tenacitatis, podagram pigricie, et superacutas febres luxurie; et, vt ad unum dicam, omnem morbum spiritualiter curabit et curatos in sanitate conseruabit' (Cambridge, Trinity College, MS. B.15.20, fols. 1v-2r).

VI.3	*dotes in corpore et anima:* See Grosseteste's treatise *De dotibus.*
VII.1-2	Cf. *Deus est,* pp. 250, 259-60.
VII.3	Flamborough, pp. 146-7, explains the distinction between *a canone* (= *a iure*) and *a persona* (= *a iudice*) thus: 'Excommunicatio tum datur a canone sive decreto, tum a persona: *a canone* quando canon vel decretum praecipit aliquem excommunicari .... *A persona* datur major excommunicatio quando papa vel episcopus sollemniter excommunicat aliquem .... Simplicem excommunicationem dat persona, ut quando sacerdos vel major a communione aliqua aliquem excludit.' Nos. 4-9 of Ch. VII apply to excommunication *a iure,* nos. 10-12 to the same *a iudice.*
VII.4	Cf. *Deus est,* p. 252. This list of 16 cases is repeated verbatim by Serlo, pp. 8-9.
VII.5-7	Cf. Serlo, pp. 9-10.
VII.5	*Communicantes cum excommunicatis:* Cf. Serlo, p. 10: 'Quartus est de illo qui scienter participat excommunicatis a papa. Quidam addunt quintum de eo qui communicat excommunicato in crimine.'
VII.6	*In articulo mortis, set condicionaliter:* On 'conditional' absolution see Serlo, p. 10: 'Debet absolvendus iurare quod cessante impedimento presentet se sedi apostolice.'
VII.7	*Habens inimicicias capitales:* Cf. Serlo, p. 10: 'Quidam ponunt octavum casum de illo qui habet capitales inimicitias et de facili posset incurrere periculum mortis.'
VII.8	Cf. Flamborough, pp. 156-7. *Si incontinenti uim ui repellit:* Cf. Flamborough, p. 157: 'Si te defendendo; quia vim vi repellere omnia jura permittunt; tribus observatis: scilicet ut in continenti fiat,

cum moderamine inculpatae tutelae, non animo vindicandi, sed animo defendendi. *In continenti:* quia statim quando clericus invadit te, repellas eum; alioquin timendum est tibi de excommunicatione. *Cum moderamine inculpatae tutelae:* quia si invadit te pugnis, non defendas te armis ....'

VII.9   Cf. Flamborough, pp. 153, 155-6.

Si ignorans factum peritus existens: Cf. Flamborough, p. 155: 'Communicans excommunicato cuicumque sex modis excusatur ne sit excommunicatus: justa ignorantia, domestica necessitate, adventitia necessitate, numero, humanitate, correptione. *Justa ignorantia,* quia ignorans aliquem excommunicatum, communicans ei non es excommunicatus, nisi bruta et grossa sit ignorantia tua.'

VII.10   *Iudex non excommunicat nisi ob contumaciam:* Cf. Chobham, p. 202: 'Et tamen sciendum est quod nunquam aliquis excommunicandus est nisi pro sola contumacia, ut si vocatus noluerit venire ad iudicium, vel si presens noluerit parere iudici, vel si recesserit sine licentia.'

VII.11   Cf. Flamborough, p. 152.

VII.12   Cf. Flamborough, pp. 157-8.

VII.19-25   Cf. *Deus est,* pp. 253-8.

VII.22   *semel in anno ... uel ter:* Cf. Statutes of Salisbury I (1217 x 1219) in *Councils & Synods* II/1, pp. 72-3: 'Ter in anno communicare laici moneantur, in Pascha, in Nathali, in Pentecoste .... Quicunque autem semel in anno ad minus proprio non confessus fuerit sacerdoti, et ad minus ad Pascha eucharistie sacramentum non perceperit, nisi de consilio sacerdotis duxerit abstinendum, et vivens ab ingressu ecclesie arceatur et mortuus christiana careat sepultura.'

VIII.1-4   Cf. *Deus est,* pp. 260-61.

IX.2   Cf. *Deus est,* pp. 266, 268; St. Edmund, pp. 48, 50.

IX.3   Cf. *Deus est,* p. 267; St. Edmund, p. 50.

IX.4-5   Cf. *Deus est,* pp. 273-4.

IX.6   Cf. *Deus est,* pp. 269-70; St. Edmund, p. 50.

IX.7   Cf. *Deus est,* pp. 271-2.

IX.8   Cf. *Deus est,* p. 275.

IX.9   Cf. *Deus est*, pp. 278-9.

Hec fiunt cum aut frequencius ... studiosius: Cf. Statutes of Coventry (1224 x 1237) in *Councils & Synods* II/1, p. 223: 'Circa crapulam attenduntur iste circumstantie: Prepropere, laute, nimis, ardenter, studiose. Prepropere, ut filius Saul Ionathas, qui ante horam comedit et ideo graviter peccavit. Laute, ut iudei in deserto, qui petierunt carnes a domino, non contenti manna. Nimis, ut sodomite, quorum peccatum fuit habundantia panis. Ardenter, ut Esau, qui vilem rem, scilicet lenticulam, nimis ardenter comedit, in tantum quod propter illam vendidit primogenita sua. Studiose, ut filii Heli, qui nimium apparatum fecerunt circa cibos suos.'

IX.10   Cf. *Deus est*, pp. 281-3.

IX.11   Cf. *Deus est*, p. 284: 'Est autem alia species luxuriae, quae lascivia dicitur, et est vitiosa corporalis repletionis purgatio, quia superflua repletio evacuationes quaerit. Purgatur quidem tum sanguinem minuendo, tum balneando, tum sudando, tum per posteriora emittendo. In his omnibus potest esse lascivia ex superfluitate et delectatione ....'

X.1   Cf. *Deus est*, p. 292.

X.2   Cf. *Deus est*, pp. 286-7.

X.3   For the knowledge expected of the laity cf. Grosseteste's synodal statutes (c. 1239) in *Councils & Synods* II/1, p. 269: 'Provideant etiam attentius ecclesiarum rectores et sacerdotes parochiales ut pueri parochiarum suarum diligenter doceantur et sciant orationem dominicam, et symbolum, et salutationem beate virginis....' Cf. *Deus est*, p. 287. The list of books necessary for the priest derives from Gratian's *Decretum*, D. 38 c. 5. Cf. Chobham, pp. 86-8.

X.4   Cf. *Deus est*, p. 287: '<Iustitia> est virtus attribuens unicuique quod suum est. Igitur Deo, sibi, et proximo, et diabolo sunt tribuenda propria.'

X.5   Cf. *Deus est*, pp. 290-91.

Modestia in affectu ... discretiuo: Cf. *Deus est*, p. 262: 'Vis <animae> imperans motui quaedam est concupiscibilis, quaedam irascibilis, quaedam iudicativa. Iudicativa iudicat [discernit,β ,γ] inter nocivum et conveniens, concupiscibilis appetit conveniens, irascibilis expellit inconveniens.'

XI.1-9   Cf. *Deus est,* pp. 249-92, where the examination of a penitent concerning sins by excess or defect of virtue is developed in great detail.

XI.1   *pauci peccant in superfluo uirtutis:* Cf. *Deus est,* p. 259: 'De superabundantiis ... non oportet quaerere, ... quia pauci sunt qui in hoc faciendo superflue peccant, sicut in pascendo pauperem nimium deliciose, vel fidei articulos rationibus investigando subtilibus, vel satisfactionem nimiam vel indiscretam ducendo ....'

XI.2   Cf. *Deus est,* pp. 250, 259-60.

XI.3   Cf. *Deus est,* pp. 260-61.

XI.4   There is no direct parallel to this section in the *Deus est;* see below, ch. XI.9.

XI.5   Cf. *Deus est,* p. 292.

XI.6   Cf. *Deus est,* p. 286.

XI.7   Cf. *Deus est,* pp. 289-90.

XI.8   There is no direct parallel to this section in the *Deus est.*

XI.9   These 7 'remedial' virtues and the 14 opposite vices, of which the ones by defect are the 7 deadly sins, are discussed in detail in the *Deus est,* pp. 261-86. There they come under the category of 'sins against charity,' 'quia capitalem virtutem, scilicet caritatem, impugnant' (p. 264).

XII.1-2   Cf. Flamborough, p. 123: 'Simonia est studiosa voluntas vendendi vel emendi aliquod spirituale vel adnexum spirituali. "Cum effectu" debet intelligi; quia si voluisti et non fecisti, non est simonia. Triplex est munus: *a manu,* ut pecunia; *a lingua,* ut promissum, adulationes et similia; *ab obsequio,* ut obsequium indebite exhibitum, ut si clericus fiat armiger vel notarius foeneratoris.'

XII.3   These 23 cases are all derived from Flamborough, pp. 123-44; see above, Introduction, p. 3 and n. 9, p. 13 and n. 37.

    Si uendidisti uel emisti ... corporali: Cf. Flamborough, p. 128: 'POENITENS: "Cujusdam vicini mei ecclesiam

concupivi, quia ditior mea fuit et praeter spiritualia habu-
it etiam agrum; mea autem tota fuit spiritualis. Refudi
ergo ei decem libras." SACERDOS: "Si utraque tota esset
spiritualis, manifesta esset simonia; si altera tantum vel
neutra, refusio fieri potest ... ita ... ut pro temporali tantum detur temporale tantum, et non permisceantur
spiritualia et temporalia".'

Si pro certa pecunia ... altari, non: Cf. Flamborough, p.
132: 'Umquam sacerdos vel diaconus vel subdiaconus
mercenarius fuisti? POENITENS: "Fui; tum enim per
annum sexaginta recepi solidos, tum quadraginta solidos
et medietatem altaris, tum altare tantum." SACERDOS:
"Primum simonia fuit pura, quia officium tuum, quod
est spirituale, vendidisti; secundum simonia fuit, sed non
ita pura, eadem ratione; tertium omnino non est simonia".'

Si ius patronatus ... tui iuris: Cf. Flamborough, pp. 136-7:
'POENITENS: "Dum eram abbas, ecclesiarum multarum
patronus eram. Dedi ergo episcopo loci ecclesiarum multarum jus patronatus ... ut alias ecclesias, in quibus tantum jus patronatus habebam, in usus suos proprios idem
monasterium meum converteret." SACERDOS: "Simonia
est; quia praebendam et ecclesias recepisti, quae sunt
pure spirituales, et jus patronatus dedisti, quod non est
pure spirituale".'

Si pro sciencia et pericia ... taxacione stipendiorum: Cf.
Flamborough, p. 137: 'POENITENS: "Peritus eram in jure;
et associavit me sibi episcopus ut coadjutor ejus fierem in
causis decidendis et consiliis et aliis spiritualibus, et sub
conditione annuatim viginti percipiendi marcas." SACER-
DOS: "Credo quod simonia est, quia pro spirituali officio
tuo numeratam percepisti sub conditione pecuniam".'

Si renunciasti beneficio ... certe persone: Cf. Flamborough,
p. 144: 'Si ille qui renuntiat ecclesiae vel praebendae
habet jus eam conferendi et eam liberaliter confert viro
bono et honesto, non est simonia ...; ubi autem renuntians
ecclesiae non habet jus conferendi eam, simonia est.'

XIII.1-3   A good introduction to the complex legal and moral
            questions concerning usury in this period is John W.

Baldwin, *Masters, Princes, and Merchants: The Social Views of Peter the Chanter & His Circle* (Princeton 1970) I, 270-95. A more technical treatment of the legal issues is T.P. McLaughlin's 'The Teachings of the Canonists on Usury (XII, XIII, XIV Centuries),' *Mediaeval Studies* 1 (1939) 81-147.

XIII.2   *Si acomodasti decem condicione ... pauperi accipienti:* Cf. Petrus Cantor 3, 2a, 182: 'Si mutuem tibi decem ut des inde pauperibus aliquibus elemosinam, et postea reddas michi summam, ecce hic aliquid accreuit sorti, non michi, sed alii. Est ne usura? Credo, si illi sint tales quibus ego tenear specialiter benefacere et concedam tibi mutuum ut eis beneficias usura est. Si autem prorsus alieni, non est usura.'

Si uir dilapidator ... usuram facit: Cf. Petrus Cantor 3, 2a, 227: 'Aliquis dilapidator est, habet uxorem sibi prouidam et marito et liberis. Reseruat pecuniam de communi ut in futuro prouideat marito et sibi. Maritus ille uult accipere pecuniam ad usuram. Vxor facit ei concedi per manum alterius de pecunia reseruata et facit recipi postea sortem et usuram a uiro, et ipsa illam usuram expendit in necessitatibus uiri.... Nec peccat uxor illius nisi si forte expendat usuram illam acceptam in proprios usus ....'

XIII.3   *Ab illis licet ... vt ix, q. x:* See McLaughlin, 'Canonists on Usury' pp. 137-8.

Similiter licet clerico ... ecclesie sue: This is apparently a reference to the decretal of Alexander III (X.5.19.1 in the *Decretales,* col. 811), which warns clerics against committing usury by lending money to the needy, receiving their property in pledge, and retaining also the fruits (income) from that property: 'Plures clericorum ... commodata pecunia indigentibus, possessiones eorum in pignus accipiunt, et provenientes fructus percipiunt ultra sortem.' Alexander, however, allows an exception in the case where the land being held in pledge is an ecclesiastical benefice and the cleric is redeeming it in this way from lay control: '... nisi forte ecclesiae beneficium fuerit, quod redimendum ei hoc modo de manu laici videatur.' Cf.

McLaughlin, pp. 134-6.

Non licet a Christiano ... corporali necessitate: The classic question is whether one can borrow money at usury in order to redeem the poor who are held captive by Saracens. The decision of Alexander III (X.5.19.4 in the *Decretales,* col. 812) was frequently quoted in Grosseteste's time: 'Cum Scriptura sacra prohibeat pro alterius vita mentiri, multo magis prohibendus est quis ne etiam pro redimenda vita captivi usurarum crimine involvatur.' See McLaughlin, p. 108 n. 222. Grosseteste implies that usury could be paid to a non-Christian, perhaps because one need not be concerned about involving such a person in mortal sin.

XIV.1-4   Cf. Flamborough, pp. 188-9; Raymund of Peñafort, pp. 123-7.

XV.1-2   Cf. Flamborough, pp. 183-8.

XVI.1   Cf. Flamborough, pp. 62, 169.

XVI.2   Cf. Flamborough, p. 63; Tancredus, p. 7.

XVI.3   *Impediunt et dirimunt matrimonium:* Cf. Chobham, p. 154: 'Sunt autem impedimenta matrimonii decem .... Quedam autem istorum impediunt matrimonium contrahendum et dirimunt contractum, ut ordo et habitus, et cognatio. Quedam impediunt contrahendum et non dirimunt contractum, ut votum simplex et quedam cognatio spiritualis ....'
Condicio ... machinacione mortis: Cf. Flamborough, p. 78: 'Error conditionis impedit et dirimit matrimonium; ut voluisti contrahere cum libera et comperta est esse ancilla; non est matrimonium, nisi postquam hoc scivisti accessisti ad eam.' Flamborough, pp. 91-2: 'Quaecumque delicti enormitas impediat contrahendum, nullum tamen dirimit contractum, nisi forte in duobus casibus (ubi tamen ecclesiastica constitutio magis dirimit quam criminis enormitas): scilicet si adulter adulterae fidem dedit vivente ejus marito quod eo mortuo eam duceret, vel si adulter vel adultera ejus viri machinatus sit in mortem; et hoc cum effectu. Non enim sufficit machinari nisi et occidat; nec etiam ei imputabitur ad matrimonium contra-

hendum vel dirimendum si ab altero illorum occidatur vir
casu vel certa scientia vel alio quolibet modo, nisi tantum
ideo interficiatur ut post ejus mortem adultera ab adultero
ducatur. Item, si publice vivente viro suo tenuisti uxorem
ejus, illo mortuo non potes illam ducere, et si duxeris
dirimetur matrimonium; et hoc secundum quosdam.'
Honestas: scilicet publica ... congnata eius: Cf. Chobham,
pp. 180-81: 'Item, aliud impedimentum est publice
honestatis iustitia. Verbi gratia: si frater vel pater meus
contraxerit cum aliqua per verba de futuro, et moriatur
antequam cognoscat eam, nunquam de cetero potest esse
uxor mea nisi cum magna dispensatione, quia inhonestum
esset et scandalum in populo si diceretur quod ego habe-
rem sponsam patris mei ....'

XVI.4 This chart presumes a prior familiarity with the principles
by which consanguinity was determined. Chobham, pp.
162-3, describes a popular method: 'Et est vulgaris regula
talis. Quotiens queritur consanguinitas inter aliquas per-
sonas semper recurrendum est ad stipitem aliquem unde
descendunt ille persone, et ille stipes scilicet pater vel
mater ponendus est in medio palme, et proles primo pro-
cedentes ab illo stipite, vel duo fratres vel due sorores vel
frater et soror ponende sunt in duabus iuncturis primis
duorum digitorum quorum unus dicitur medicus, alter
medius. Deinde ponende sunt per ordinem ille persone
que descendunt ab uno fratre in sequentibus iuncturis
unius digiti usque ad summitatem eius. Postea ille persone
que descendunt ab altero fratre ponende sunt per ordinem
in sequentibus iuncturis alterius digiti usque ad summitatem eius. Ille ergo persone que sunt in duobus primis
iuncturis sunt in primo gradu, scilicet duo fratres vel due
sorores vel frater et soror. Ille autem persone que ponuntur in duobus sequentibus iuncturis sunt in secundo gradu.
Ille autem que ponuntur in tertiis iuncturis duorum digitorum predictorum sunt in tertio gradu. Illi autem qui
ponuntur in summitatibus illorum digitorum sunt in
quarto gradu. Illi autem qui ulterius descendunt ab eis
non sunt in aliquo gradu, et ideo bene possunt coniungi.'

XVI.4   *Hic ponuntur due note:* On the first of these ('Item, <nota> quod inequaliter ... remocior distat') cf. Chobham, p. 163: 'Si autem inequaliter distant a stipite ille due persone de quarum consanguinitate queritur, tunc utendum est hac regula. Considerandum est quoto gradu distat a stipite illa persona que magis distat, et in eodem gradu sunt ille persone de quibus queritur.' On the second note ('Item, nota quod in linea recta ... contrahencium') cf. Flamborough, p. 78: 'Cognatio impedit et dirimit matrimonium, sed in linea ascendente vel descendente, quae eadem est, in infinitum; quia, si hodie viveret Adam, cum nulla posset contrahere.'

XVI.5   For the distinction between *adopcio* and *arrogacio* cf. Tancredus, p. 39: 'Adoptio est extraneae personae in filium vel nepotem vel deinceps assumtio legitima. Species ejus duae sunt: una dicitur arrogatio, et alia simplex adoptio. Arrogatur ille, qui sui juris est, id est, qui non habet patrem, vel si habet, emancipatus est: et transit in potestatem arrogatoris .... Adoptatur ille, qui est in potestate sui patris, et non transit in potestatem adoptatoris .... Unde versus: Arrogo, qui suus est, et habet meus esse necesse,/ Patris adopto suum, nec patris desinit esse.'

XVI.6   Cf. Chobham, p. 167: 'Compaternitas est spiritualis coniunctio diversarum personarum ex officio regenerationis vel confirmationis vel confessionis contracta. Est enim triplex compaternitas. Prima est ex officio suscipientis aliquem de sacro fonte in baptismate. Secunda est ex officio tenentis aliquem ad confirmationem episcopi. Tertia est ex officio sacerdotis iniungentis alicui penitentiam in confessione.'

XVI.7   Cf. Flamborough, pp. 78-9: 'Agnatio, immo potius affinitas, impedit et dirimit matrimonium. Sunt autem tria genera affinitatis. Primum genus hoc modo dinoscitur: omnes consanguineae uxoris tuae tibi sunt affines in primo genere .... Secundum genus affinitatis nascitur ex primo hoc modo: si affini tuo in primo genere jungatur persona per carnis copulam, erit tibi affinis in secundo genere, ut uxor fratris uxoris tuae .... Tertium genus nascitur

ex secundo hoc modo: aliquis est tibi affinis in secundo
genere; ergo persona illi juncta per carnis copulam est tibi
affinis in tertio genere.'
Hec transit usque ad quartum gradum: Cf. Chobham, pp.
164-5: 'Notandum quod in primo genere affinitatis nume-
rantur gradus sicut in consanguinitate, quia consanguinitas et affinitas quantum ad gradus paribus passibus ambu-
lant, quia sicut teneor abstinere a consanguineis meis
usque ad quartum gradum, ita teneor abstinere ab uxori-
bus consanguineorum meorum usque ad quartum gradum
....' The prohibition of marriage in the second and third
genus was abolished by the Fourth Lateran Council in
1215 (canon 50); see above, Introduction, p. 4 and n. 13.

XVI.8   *Vxoricidium ... puniendus est:* Cf. Flamborough, pp. 90-
91: 'Delicti enormitas impedit matrimonium, ut in uxori-
cida, non tamen in matricida, licet majus sit peccatum;
quia in quo deliquit quis puniendus est.'
Raptus ... ducere potest: Cf. Chobham, p. 190: 'Hodie ...
in ecclesia ... vidimus multos raptores cogi et compelli ad
contrahendum cum illis quas rapuerunt.'
Incestus ... tercio gradu: Cf. Flamborough, p. 91: 'Ista
duo, scilicet uxoricidium et incestus cum consanguinea
uxoris tuae in primo vel secundo vel tertio gradu, impediunt, ut puto, contrahendum, sed non dirimunt, ut puto,
contractum.'
Interdictum ... maxime cum uirgine: Cf. Chobham, p. 188:
'Item, est aliud impedimentum matrimonii interdictum
ecclesie. Et est quoddam generale interdictum ut non con-
trahatur matrimonium ab adventu domini usque ad octavas epiphanie, et iterum a septuagesima usque ad octavas
pasche, quia tempus illud sanctum est, in quo est vacan-
dum ieiuniis et orationibus .... Verumtamen in quibusdam
locis est consuetudo quod si aliquis habuerit diu fornica-
riam suam et velit contrahere cum illa in tali tempore,
bene sustinet ecclesia, quia melius est quod habeat eam in
coniugio quam in fornicatione.'

XVI.10   Cf. *Deus est,* pp. 254-5.
XVII.1-4   Cf. Flamborough, pp. 117-19.

XVII.1   *Hec faciunt ... irregularem:* Cf. Chobham, p. 324: 'Irregularitates clericorum sunt que impediunt promoveri ad sacros ordines, vel si aliquis promotus fuerit, impediunt executionem ordinis ....'

XVII.6   Cf. Flamborough, pp. 166-7: 'Dico ... generaliter quod omnis morbus vel tale vitium promotionem impedit quod in celebratione scandalum introducit, vel ex mentis alienatione, vel ex inordinata corporis dispositione. *Morbus* [= infirmitas], ut lepra, impetigo enormis in facie, id est sicca scabies, epilepsia, apoplexia .... Vitium quoque corporis [= inbecillitas] promotionem impedit sacerdotii. Si in brachio vel humero vulneratus est quis vel laesus quod in missae celebratione non potest brachia ordinate levare, non promovebitur ad sacerdotium.'

XVII.7   Cf. Flamborough, pp. 119-23; Serlo, pp. 19-20.
Nota quod homicidium ... uoluntate: Cf. Raymund of Peñafort, pp. 148-50: 'Homo occiditur corporaliter, et hoc committitur dupliciter; scilicet lingua, & facto: lingua tribus modis, scilicet praecepto, consilio, & defensione .... Facto quatuor modis, scilicet iusticia, necessitate, casu, & voluntate .... Qui percutit necessitate: distingue, quia aut illa necessitas fuit, euitabilis; poterat enim euadere absque occisione, & tunc est reus homicidij, & tanquam pro mortali debet agere paenitentiam; aut fuit ineuitabilis, quia occidit hominem sine odij meditatione, immo cum dolore animi, & se, & sua liberando, cum aliter non posset euadere, dicitur non peccare; nec astringitur ad paenitentiam, nisi ad cautelam .... Casu, vt cum aliquis proijcit lapidem ad auem, vel alias, & alius transiens ex insperato percutitur, & moritur, vel incidit arborem, & casu arboris aliquis opprimitur, & similia. hic distingue; aut dabat operam illicitae rei, aut licitae; si illicitae, vt puta proijciebat lapidem uersus locum vnde consueuerunt homines transitum facere, vel dum furabatur equum, vel bouem, aliquis a boue, vel equo percussus est, & similia, sic imputatur ei .... Si vero licitę rei dabat operam, vt quia magister causa disciplinae verberabat discipulum; vel deponebat aliquis faenum de curru; vel arborem propriam sibi neces-

sariam incidebat, & similia .... Voluntate. in hoc dic sine distinctione, quod homicidium voluntarium semper est mortale peccatum, & enorme.' Cf. also Flamborough, p. 119.

XIX.1-8   Cf. *Deus est,* pp. 247, 255-7.

XIX.9   Cf. Flamborough, p. 200; Chobham, pp. 49-53.

Complexio ... melancolicus: Cf. Alanus, 2, 31: 'Complexio etiam peccatoris consideranda est, secundum quod ex signis exterioribus perpendi potest; quia secundum diversas complexiones, unus magis impellitur ad unum peccatum, quam alius. Quia si cholericus magis impellitur ad iram, sed melancholicus magis ad odium.'

XIX.10   *penitencia arbitraria:* The penance or satisfaction for a particular sin was specified in the Church's penitential canons. Grosseteste's understanding of the priest's *arbitrium* or judgment in applying the traditional punishments in specific circumstances coincides with that of Raymund of Peñafort, pp. 477-8: 'Ex diligenti inspectione predictae regulę cum exceptionibus suis, poterit studiosus et diligens indagator inuenire processum, ad satisfactionem pro diuersis criminibus secundum paenitentiales canones imponendam; nec debet sacerdos a forma prędicta recedere, nisi propter causam: & in hoc consistit eius arbitrium, scilicet pro qua, vel pro quibus circunstantijs, et quantum, et quando possit augeri, vel minui poena canonica. & haec est opinio quorundam .... Alij vero dicunt indistincte omnes paenitentias arbitrarias ... & hanc vltimam opinionem videtur amplecti consuetudo; prima tamen est tutior, licet difficilior.' Cf. Flamborough, pp. 203-4.

XXI.4   *Quod assumpto ... duplicem habebis stolam:* Cf. *Speculum iuniorum* (see Introduction, nn. 9 and 21): 'Gloria sanctorum et gaudium erit in multis et de multis. Erit enim gloria eorum ab intrinseco, in stola corporis que consistit in quatuor dotibus eius, <et> in stola anime que consistit in tribus dotibus eius.' (Oxford, Bod. Lib., MS. 655, fol. 71v).

GLOSSARY

A number of medieval Latin lexica and specialized wordlists has been consulted in the compilation of this glossary, which for the most part lists only words and phrases not to be found in C.T. Lewis and C. Short, *A Latin Dictionary* (Oxford 1879). References are to chapter and section numbers of the text. When a word (in any of its forms and with the meaning recorded in this glossary) occurs more than once in a given section, its frequency is indicated thus, following the section number: (...x).

abiectionem (-io) renunciation, rejection VII.15
accidia (acedia) sloth, torpor, boredom V.5, 6; IX.1, 4; XI.9; XVII.3
acetosum (-us) turned into vinegar, sour XVIII.1
acolitus (-lytus) acolyte, i.e. holder of a degree in holy orders XVII.5 (2x)
acomodasti (accommodare) loan, provide, make available XII.3 (2x); XIII.2 (3x)
actuale (-is) actual, of or pertaining to acts, exhibited in deeds III.2 (2x), 4; XVII.2, 3
aduocatus professional pleader in ecclesiastical court XV.1; XVII.5
affectiua (-us) affective, volitional I.3, 4
agressio (agg-) undertaking II.3; IX.5
altari (-e) (= altaragium) altarage, i.e. revenue derived from endowment of an altar or offerings thereat XII.3
annuali (-is) annual, i.e. a sequence of daily masses continued for a year XII.3
antiphonarius antiphonary, book of antiphons X.3
arbitraria (-us) discretionary, imposed at discretion XIX.10
arrogacio adrogation XVI.5
aspectu (-us) intellectual consideration or reflection XXI.3
assessor assessor, i.e. counsellor or skilled adviser to a judge, assistant judge XV.1; XVII.5
attinente (-ere) be akin or allied to XVI.8
auctoritates (-tas) authoritative pronouncement or text VIII.4 (2x)
audientes (-ire) study VII.4; learn X.2

balbucies stammering, stuttering XVII.6
baptisterium baptismal service book X.3
beneficio (-um) benefice, i.e. ecclesiastical office with established
  income XII.3
bigamia remarriage or marriage with a widow or widower XVII.1
bigamum (-us) twice married or married to a widow or widower
  VII.8
bladum grain XIII.2
busco (-us) wood, especially firewood XIV.1

calix chalice (for consecrated wine) XVIII.2
casus case, set of circumstances VII.4, 9, 13
cathecuminazacio, cathezizacio religious instruction, catechization
  XX.2
cimiterium (coemet-) cemetery, graveyard VII.12; XVI.9
clericus clerk, i.e. a man or boy who has been ceremonially tonsured
  by a bishop and who may or may not proceed to ordination
  XII.4; XVIII.2; XIX.9
cohire (coire) have sexual intercourse, copulate IX.10 (2x); XVI.9
colericus (cho-) choleric, irascible XIX.9
collacione (-io) conferment, grant XII.3
commixtione (-io) sexual intercourse or union XVI.5 (2x)
communicare associate, have dealings (with) VII.4, 9 (8x)
communione (-io) fellowship, association VII.3
complexio 'complexion,' physical constitution, temperament XIX.9
compoti (-putus) calendar tables X.3
confirmacio (sacrament of) confirmation III.2, 4; VII.20 (3x); XVI.6
  ad confirmacionem teneat (-ere) sponsor or present someone for
  confirmation VII.20; XVI.6
confirmatus (-are) confirm (sacramentally) VII.20 (2x); XVII.2
congnoscitiua (cognoscitivus) cognitive, intellectual I.3, 4
contrahere enter into a (marriage) contract III.2; VII.23; XVI.3 (2x),
  4, 6, 8, 10 (5x); XVII.5
conuersum (-us) lay brother, or monk admitted too late to qualify
  for orders VII.4
corporalia (-is) corporal, Communion cloth XVIII.2
crapula overindulgence in food II.1 (2x), 2; IX.9
crismale (chr-) chrism-cloth, chrismal XX.2

crismate (chrisma) chrism, holy ointment (consecrated by a bishop) VII.4

curiositas exaggerated zeal or diligence XI.9

debitum sexual obligation of marriage VII.9, 23

deciorum (-us) dice XIV.3

delicacio delicacy, luxury IX.9

desidia spiritual torpor IX.4

dilapidator squanderer, wastrel XIII.2

diminutum shortage, diminution, defect XI.1, 2

dispensacione (-io) dispensation, exemption XII.4 (2x); XVII.4

dispensare dispense, release from XVII.4 (4x)

equitatura mounted company or retinue IX.3; X.5

exasspiratur (-are) express, 'breathe out' II.5

facili, de easily, readily IX.7

firmam (-a) farm, i.e. land, property, or rights leased out in return for a fixed, regular payment XII.3 (2x); XIII.2

fons font XX.2

fori (-um) court, jurisdiction XII.3

fossetum (-atum) moat, embankment II.5

gradale gradual, i.e. a book containing chants required for the Mass X.3

guerram (-a) war VII.8

habitus habit, religious attire VII.8; XII.3, 4; XVI.3 (2x)

inanicio emptying XI.9

incontinenti (adv.) immediately VII.8

institucione (-io) formal appointment (to a benefice) XII.3

institui (-ere) appoint (to a benefice) XII.3

irregularis irregular, canonically disqualified VII.24; XVII.1

irregularitate (-tas) irregular status XI.10

languendo (-ere) pine with longing XXI.3

lectionarius lectionary, i.e. a book containing daily lessons from

Scripture to be read at services X.3
liberacio deliberation II.4
libracio pondering II.4
licencia (-a) (official) permission, authorization VII.21; XII.3 (2x)
licenciatus (-are) permit, authorize XVII.5

mancipatus (-are) (= emancipatus) set free, release from paternal
    authority VII.9
melancolicus (-cholicus) melancholic, liable to melancholy XIX.9
misericordias (-a) amercement, fine XII.3
missale missal, Mass-book X.3
monialem (-is) nun VII.4
mortale (-is) mortal, deadly, entailing spiritual death III.2 (2x);
    VII.3, 20, 22, 24, 25

obsequium (-um) service V.5; XII.1, 3 (2x)
obsequeris (-i) serve XII.1
obuencionibus (-io) proceeds, revenue, fee received for services
    XIV.1
officium divine office or service X.3; capability of acting XVII.6
omeliarum (homelia) homily, sermon preached to the laity X.3
operacio power of effectual action II.5; works, action XIX.7
operatiua (-us) effectual, operative, pertaining to action II.5
ordo (sacrament of holy) orders III.2, 4; VII.24 (4x); XII.3 (3x), 4;
    XVI.1, 3; XVII.heading, 4 (2x); XIX.9
originali (-is) original, innate, existing in a person from birth III.2
    (2x), 4; XVII.2

pallee (-a) chalice-cover XVIII.2
pastoralis (-is) pastoral, of or concerning the care of souls VI.6
patena paten, i.e. a small plate of precious metal XVIII.2
patricidium parricide XVI.8
patrini (-us) godparent XX.2
patronatus advowson, i.e. the right of presentation to a benefice
    XII.3 (3x)
patronus patron (of benefice, with right of presentation) XII.3 (2x)
penitencia (sacrament of) penance III.2, 3, 4; VII.15, 21; VIII.2; X.3;
    XVI.6 (2x); XIX.heading, 1, 9, 10 (2x); XXI.5; XXII.1

penitencialium (-is) penitential X.3

pensionem (-io) pension, i.e. a regular sum awarded out of a church's revenues to help support a previous incumbent or other person XII.3

pestiferacio obnoxiousness IX.7

plenaria (-us) full, complete XIX.2, 5

potencialis potent, potential, enabling I.3, 4

predicare deliver a sermon X.2 (3x)

prelacia prelacy, i.e. an office, dignity, or benefice held by a prelate XII.4

prelatus prelate, i.e. an ecclesiastical dignitary possessing jurisdiction in his own right VII.4, 6, 8; XII.3, 4

prepositura high office IX.3

principaliter as a principal (not an accessory) VII.4

priuilegiati (-are) grant a privilege XIV.3

procuracio procurement, arrangement XX.2

procuratorie by proxy VII.4

purgatorio (-um) purgatory VII.16

raciociniis (-um) business obligation XVII.5

reconciliari (-are) reconsecrate, restore to sacred uses VII.4

rector rector, i.e. a cleric (or corporation) entitled to ecclesiastical dues in a parish XII.3 (2x)

regularitas regularity, conformity with the rules XVI.4

religionem (-io) religious or monastic life, order, or house XII.3 (2x), 4; XVI.3

religiosus belonging to a religious or monastic order VII.4; XII.4

resignacionem (-io) giving up, surrender XIV.4

sanguineus sanguine, full-blooded XIX.9

scorto (-um) prostitution XIV.3

septenariam (-us) forming a group of seven, sevenfold, septuple XXII.2

septenarius a group of seven, septenary VI.3; XXII.2

Septuagesima (indecl.) Septuagesima, i.e. the seventy-day period beginning with the third Sunday before Lent and ending with Holy Saturday XVI.8

sermo words, quotation I.1; V.4

setu (-us) hair XIV.1
simbolum (sym-) the Creed VII.19; X.3; XX.2
sodomiticum sodomy IX.10; XVII.1
solutus unmarried IX.10 (2x)
sortilegium sorcery, divination XVII.1
suffragiis (-um) prayer, intercession VII.16
superaltare portable altar XVIII.2
superfluitas excess, superfluity VII.1 (2x); XI.heading, 1 (2x), 9
superlectili (supellex) bedding X.5
susceperit (-cipere) a fonte sacro to stand godparent to VII.19
    susceptus godchild VII.19; XVI.6 (3x)
    suscipientem (-ens) godparent XVI.6 (3x)
suspensus (-ndere) deprive of or debar from office VII.4
symoniacus (si-) simoniac VII.4; XII.3 (3x), 4 (2x); XVII.4
symoniace (si-) simoniacally XII.4

tabescencia self-consuming rivalry IX.6
tonsure (-a) clerical tonsure, i.e. a ceremonial clipping of part of the
    hair of the head which made a man or boy a 'clerk' XVII.5
tricenali (-e) trental, i.e. a set of thirty requiem Masses XII.3

unctio, (extrema) (sacrament of) extreme unction III.2, 4; VII.25
    (2x)
usurarius guilty of usury VII.4; XVII.4
uxoricidium uxoricide XVI.8

uegetacio power of growth II.5
ueniale (-is) venial, light, not grave or mortal III.2